INTRODUÇÃO À LEITURA DO ROMANCE DA RAPOSA

CIÊNCIA DO TEXTO E SUA APLICAÇÃO

MICHAEL METZELTIN
Professor Catedrático da Faculdade de Letras de Groninga
Professor Visitante da Faculdade de Letras de Coimbra

INTRODUÇÃO À LEITURA DO ROMANCE DA RAPOSA

CIÊNCIA DO TEXTO E SUA APLICAÇÃO

PREFÁCIO DE
CARLOS REIS

LIVRARIA ALMEDINA
COIMBRA — 1981

Toda a reprodução desta obra, seja por fotocópia ou outro qualquer processo, sem prévia autorização escrita do Editor, é ilícita e passível de procedimento judicial contra o infractor.

Reservados todos os direitos para a Língua Portuguesa
LIVRARIA ALMEDINA — COIMBRA — PORTUGAL

*Para os Quartanistas de Românicas
da Faculdade de Letras de Coimbra
do ano lectivo de 1979-1980*

PREFÁCIO

O trabalho que a seguir se apresenta integra-se numa, por ora breve, série de estudos publicados pela Livraria Almedina e obedecendo a características bem definidas. Como deixei já escrito no preâmbulo dos primeiros volumes que nesta colecção publiquei (razão que certamente determinou o pedido por parte de Michael Metzeltin de que eu escrevesse estas palavras), essas características consistem na conjugação de três factores primaciais: o pendor eminentemente expositivo destas Introduções, a feição didáctica que, a partir daí, elas assumem e a relativa brevidade com que se apresentam, determinada até pelo público escolar que se pretende atingir.

Para além deste triplo condicionamento, este tipo de estudos nutre-se ainda de outras motivações que, porque apenas subjacentes a eles, não são tão visíveis. Designadamente, convém notar que a introdução à leitura de um obra literária pressupõe a sua integração numa certa prática didáctica que é a da leitura integral; mas esta, por sua vez, concretiza-se normalmente, enquanto tal, apenas na intimidade do contacto pessoal com o texto, na sua totalidade. Posteriormente, a activação e o aproveitametno didáctico daquilo que a leitura integral deu a conhecer exige a valorização de certos aspectos da obra, ou seja, das zonas estratégicas que de algum modo se entende serem representativas de uma globalidade já adquirida. Ora a simples expressão "zonas estratégicas" é muito significativa não tanto pelo que explicitamente diz, mas pelo que conota; falar em estratégia é remeter para uma situação de enfrentamento, para uma confrontação entre entidades adversas: assim, à relação de leitura não será alheia uma certa atmosfera de conflito latente, na medida em que, ao revelar-se entidade ambígua, pela carga de literariedade que comporta, o texto literário esconde algo que importa descobrir e conquistar; ou então, noutras circunstâncias, ele pode mesmo preten-

der exercer uma certa coacção sobre o leitor, subentendida, por exemplo, nas obras "de tese" que (como ocorre com o romance naturalista) procuram demonstrar a veracidade de certas afirmações abstractas de amplitude extra-textual, reclamando-se, para isso, de uma estratégia (novamente a estratégia...) mais ou menos discretamente argumentativa. Em qualquer caso, pertença a iniciativa ao leitor que persegue ou ao texto como entidade coerciva, à leitura cumpre apetrechar-se para, adaptando-se à situação com que depara, tentar resolver em seu proveito esse conflito, afinal de consequências menos dramáticas do que inicialmente se poderia prever...

Naturalmente que a aquisição dos instrumentos auxiliares da leitura passa por várias etapas: neste aspecto, importa lembrar a importância de que podem revestir-se certas relações de integração susceptíveis de inserirem o texto em sistemas capazes de explicarem a sua configuração global: o da produção literária do autor, valorizando-se nela a sua dimensão evolutiva e, portanto, o por vezes complexo processo de saturação/inovação de soluções estético-literárias; o de um determinado universo periodológico cujas linhas de força temáticas, ideológicas e técnico-literárias se encontram projectadas no texto de modo variavelmente visível; o das dominantes estruturais de um género, entendido como limite ideal de referência na descrição do perfil formal do texto.

Em sintonia com estas relações, a leitura integral exige, como é óbvio, factores de concretização e instrumentos de abordagem precisos e especificamente inspirados pelo texto em análise. Da inventariação e descrição de componentes à interpretação dos sentidos fundamentais, da formulação de juízos de valor à subordinação a perspectivas metodológicas particulares, a leitura enriquece-se e especializa-se na medida em que a conjugação das operações mencionadas se processe em termos coerentes; é isso que encontramos neste trabalho de Michael Metzeltin.

Integrando a análise do Romance da Raposa *no âmbito da jovem teoria do texto, a leitura proposta obedece a um princípio operatório fundamental: a de que "o manejo dos textos requer o domínio de uma técnica, tanto sob o ponto de vista da cifração como o da decifração [...]; nesta perspectiva, ler será observar o funcionamento de um código, captar as informações cifradas por meio desse código, com-*

preender o alcance dessas informações, apreender a estruturação dessas informações como fonte de prazer estético" (p. 2). *Porque, note-se bem, o estudo de Michael Metzeltin não esquece que o texto sobre que se debruça obedece, em primeira instância, a uma intencionalidade estética, valorizada, por exemplo, pelo recurso a procedimentos de análise de tipo estilístico; por outro lado, a essa intencionalidade estética não só são alheias as qualidades educativas do* Romance da Raposa *(«A leitura duma página é um aprendizado», afirma Aquilino Ribeiro citado por Metzeltin), realçadas num capítulo final deste trabalho e particularmente adequadas ao aproveitamento escolar a que pode destinar-se a narrativa em causa. Se a tudo isto juntarmos o cuidado e o rigor com que o autor define conceitos tão importantes como "descrição", "narração", "marcação", "tema", etc., encontraremos motivos suficientes para recomendarmos este estudo não só enquanto análise de uma obra particular, mas também como reflexão que, ultrapassando essa obra, aponta para a constante interacção teoria/texto, que é afinal o princípio nuclear dos alicerces metodológicos que o sustentam.*

Carlos Reis

1. A CIÊNCIA DO TEXTO

1.1. Linguística vs ciência do texto

Independentemente do objectivo perseguido, tanto em linguística como em ciência da literatura o investigador indutivo-dedutivo tem que partir de textos escritos ou orais (a que chamarei *comunicados*) e, em primeiro lugar, identificar as suas unidades mínimas de significado. Ao longo dos séculos e com métodos de análise cada vez mais refinados — todos, porém, redutíveis às operações fundamentais de substituição, permutação, deleção e adição combinadas com os critérios de correcção/incorrecção formal e de equivalência/mudança//falta de sentido — os investigadores têm vindo a acumular inventários de signos linguísticos em forma de dicionários e de gramáticas hoje imprescindíveis para a aprendizagem aprofundada das línguas. No entanto, a elaboração de dicionários e de gramáticas e o ensino do léxico e da gramática não são o objectivo principal dos professores de letras. A tarefa fundamental deles é ensinar como se podem analisar e compreender e como se podem produzir comunicados. Para isso o conhecimento do léxico e da gramática são condições necessárias, mas não suficientes. Por este motivo na universidade medieval o estudo da gramática ia acompanhado do da retórica e da dialéctica. Todavia, a linguística dos séculos XIX e XX privilegiou o estudo do signo, a ciência da literatura o estudo do autor ou da mensagem das obras. O estudo da compreensão e da redacção de textos ficou assim relegado para cursos de língua prática. Tratando de superar esta dispersão, fizeram-se nos últimos anos esforços notáveis para a constituição de uma ciência do texto. O estruturalismo proporcionou-nos a unidade mínima do léxico e da gramática: o *monema,* a mínima unidade portadora de significado. A tarefa primária da ciência do texto será o estabelecimento de uma unidade mínima cuja presença directa ou indirecta sirva de critério para poder dizer se estamos ou não em presença de um comunicado. Quase todos os estudos apontam para a oração ou a proposição como possível unidade mínima. Contudo, as definições dadas até agora estão demasiado ligadas à gramática formalista ou à lógica proposicional para poder oferecer uma definição semanticamente explícita e inequívoca. Cabe além disso perguntar-se se na constituição básica dos textos não desempenha também um papel a combinação dos conceitos em campos semânticos, independentemente da possível relação destes com a estrutura oracional ou proposicional dos comunicados.

1.2. Leitura e análise de textos

Quando o sétimo direito da *Declaração dos direitos da criança* preconiza que se deve dar à criança "uma educação que favoreça a sua cultura geral e lhe permita... desenvolver as suas aptidões e o seu juízo individual, o seu sentido de responsabilidade moral e social e chegar a ser um membro útil à sociedade", pressupõe que os educadores ponham à disposição da criança — e de todo o homem mentalmente ainda não amplamente desenvolvido — os meios para se reconhecer a si mesma (isto é, para se autoidentificar), para reconhecer o mundo que a rodeia e para nele inter-agir. Os meios privilegiados para alcançar estes objectivos são hoje os comunicados, expressão de uma actividade mental cognitiva que pode veicular informação e recreação. Consequência disto é que os textos deveriam apresentar determinadas características que satisfaçam necessidades de informação relativas à vida do homem como ser individual e social e aos objectos que o rodeiam. Por outro lado, o manejo dos textos requer o domínio de uma técnica, tanto sob o ponto de vista da cifração como sob o da decifração. Portanto, além de conter os aspectos informativos já mencionados, os textos deveriam estar construídos de maneira a permitir a iniciação do receptor na desmontagem e re-montagem dos textos. Nesta perspectiva, ler será observar o funcionamento de um código, captar as informações cifradas por meio desse código, compreender o alcance dessas informações, apreender a estruturação dessas informações como fonte de prazer estético. Como nota Aquilino nas *Marginália* ao *Romance da Raposa*, "A leitura duma página é um aprendizado. A criança vai-se recreando e aprendendo".

Em vista disso, os educadores, antes de porem os alunos em contacto com o material de leitura, deveriam examiná-la atentamente, com uma disposição muito exigente, sem qualquer cedência perante atractivos superficiais e exteriores, para averiguar se nele se encontram elaborados os aspectos referenciais e linguísticos que façam da leitura uma actividade verdadeiramente educativa.

Nas páginas que se seguem quero propor aos professores de língua e literatura um conjunto de instrumentos de leitura que a tornem crítica, isto é eficiente e exaustiva dos aspectos essenciais, através do qual é possível apreender e explicitar as potencialidades informativas e lúdicas dos textos. Para expor esse conjunto de instrumentos escolhi o *Romance da Raposa* de Aquilino Ribeiro, obra muito rica sob todos os pontos de vista. Escrita a pensar nas crianças com mais de dez anos, este livro reveste-se afinal de muito interesse para todos os que se encontram em situação de aprendizagem e simultaneamente oferece muitos motivos de recreio, e não só aos mais novos. Para as citações sigo a edição da Livraria Bertrand, Lisboa, 1961, com ilustrações de Benjamim Rabier.

2. CONCEITOS

2.1. Conceito geral de comunicado

Um comunicado é um conceito ou uma associação de conceitos expressos por meios perceptíveis acústica, visual ou tactilmente (sons, grafismos, tactismos) destinados a consciencializar e eventualmente comunicar uma interpretação mental de uma parte da realidade. As associações de conceitos podem ser impressivas (isto é, os conceitos alinham-se na ordem em que espontaneamente são consciencializados) ou funcionais (isto é, os conceitos agrupam-se em conjuntos de elementos determinados e determinantes). As estruturas conceituais dos comunicados devidas a uma elaboração reflexiva são em geral funcionais.

Para apreender e compreender a estruturação de um comunicado é preciso dispor de um conjunto de instrumentos de análise e dos seus modos de emprego. No nosso caso, tanto os instrumentos como os modos de emprego são em geral de carácter conceitual; constituem portanto uma metalinguagem. Os principais elementos da nossa metalinguagem serão os noemas, as proposições, os textóides e as tonias noémicas.

2.2. Os noemas

As unidades mínimas portadores de significado, isto é os monemas, constam de uma forma (ou *significante* ou *lexema*) que cobre/remete para um conteúdo (ou *significado* ou *noema*): em "o rapaz trabalha" o lexema *o* significa um certo grau de identificação (o emissor pressupõe que o receptor sabe de que rapaz o emissor está a falar), *rapaz* significa um ser humano masculino jovem, *trabalh* -

significa uma actividade para sustentar a vida e *a* indica que essa actividade é simultânea ao acto de emissão da frase e que o agente dessa actividade não coincide nem com o emissor nem com o receptor. Como se pode deduzir deste exemplo, os significados cobertos por *um* significante são muitas vezes decomponíveis através de comparações opositivas (*o* vs *um*, *rapaz* vs *rapariga*, (trabalh)-*a* vs (trabalh)-*o* vs (trabalh)-*as*) em traços noémicos (ou *semas*).

Os noemas e os semas podem agrupar-se nas seguintes classes:

— os noemas/semas que conceitualizam os objectos da realidade e os objectos meramente pensados (= *eiconemas*).
— os noemas/semas que conceitualizam os processos e as propriedades dos objectos da realidade (= *qualitemas*).
— os noemas/semas que conceitualizam a situação dos objectos da realidade no espaço (= *topemas*)
— os noemas/semas que conceitualizam o tempo em que a certo objecto da realidade é atribuído certo processo ou certa propriedade (= *cronemas*)
— os noemas/semas que conceitualizam o grau de probabilidade que se concede à eventualidade de certo processo ou certa propriedade atribuída a um objecto da realidade em certo lugar e em certo tempo (= *probabilitemas*).
— os noemas/semas que conceitualizam a quantificação atribuída aos objectos, dos processos e às propriedades (frequências e intensidades), aos lugares (distâncias) e aos tempos (durações) (= *metremas*).
— os noemas/semas que conceitualizam o grau de identificação dos objectos, dos processos, das propriedades, dos lugares, dos tempos, das qualificações (= *identificadores*).
— os noemas/semas que conceitualizam as relações da coexistência entre dois ou mais processos ou propriedades de um mesmo objecto ou de objectos diferentes (= *sintemas*).

Os lexemas do seguinte trecho do *Romance da Raposa*: "Ora aconteceu, naquele ano, vir grande estiagem a ponto de secarem os prados, os arbustos, e o próprio rio. E emigraram muitos animais e faleceram outros à sede. Naquela mata apenas uma fontinha continuavam a correr, tão buliçosa e fresca que era o gozo de quem bebia" (p. 50) cobrem as seguintes classes de noemas/semas:

eiconemas: *prado, arbusto, rio, anima*-(is), *mata, font*-(inha), *outro*-(s), *quem*.
qualitemas: *acontec*-(eu)... *vir, estiagem, secar, emigr*-(aram), *falec*-(eram), *sede,* (font) *-inha, correr, buliçosa, fresca, gozo, beb*-(ia).
topemas: *Naquela* (mata).
cronemas: *Ora,* (acontec)-*eu, naquele ano,* (emigr)*aram,* (falec)-*eram, continuava a, era,* (beb)-*ia*.
probabilitemas: no nosso exemplo não estão lexemizadas por um lexema especial (as afirmações positivas são lexemizadas normalmente com o lexema zero (= $\emptyset$), cf. "O João $\emptyset$ vem" vs "O João não vem".
metremas: (acontec)-*eu* (singular!), *grande, os* (prado)-*s, os* (arbusto)-*s,* (emigr)-*aram muitos* (anima)-*is,* (falec)-*eram,* (outro)-*s, apenas, uma,* (continu)-*ava, tão*.
Identificadores: *aquele, os* (prados), *os* (arbustos), *o próprio* (rio), *muitas, outros, aquela, uma, quem*.
sintemas: *a ponto de* (consequência), *e, E, e, à* (sede: causalidade), *que* (consequência).

Note-se que mesmo um lexema pode cobrir ao mesmo tempo dois ou mais tipos de noemas/semas: *quem* indica por exemplo um ser animado (= eiconema) e simultaneamente um qualquer (= identificador de grau mínimo).

2.3. A proposição

Nas combinações funcionais os noemas ordenam-se na base das perguntas: que noema determina e qual é determinado? Além disso torna-se necessário escolher um noema como núcleo só determinado ao redor do qual se incrustam outros que tanto são determinantes directos ou indirectos do núcleo como podem estar determinados por outros; também pode haver noemas unicamente determinantes.

Para serem inteligíveis, os comunicados devem conter:
— a indicação dos objectos de que se quer falar
— a indicação dos processos ou propriedades que se atribuem a esses objectos

— a eventual indicação do ser a quem se destinam os processos ou propriedades dos objectos de que se fala
— a indicação da situação no espaço e no tempo dos objectos de que se fala
— a indicação do grau de probabilidade que o emissor atribui ao processo/à propriedade de um objecto em certa situação espácio-temporal
— a indicação do emissor e do seu tipo de emissão
— a indicação do receptor
— a indicação da quantificação atribuída aos objectos, processos, propriedades, lugares e tempos
— a indicação do grau de identificação atribuído aos objectos, processos, propriedades, lugares, tempos e quantificações
— a indicação das relações de coexistência entre dois ou mais processos ou propriedades de um mesmo objecto ou de objectos diferentes se se falar de mais de um processo ou propriedade

Estas informações podem ordenar-se tomando como núcleo um noema/sema que remete para um objecto da realidade não considerado destinatário de certo processo ou propriedade nem emissor, ao qual se agregam sucessivamente as respectivas indicações do processo ou qualidade, do destinatário, do lugar, do tempo, do grau de probabilidade, do emissor e da sua emissão, do receptor. Daí resulta uma sucessão de noemas/semas dos quais o primeiro só é determinado e os outros, cada um por sua vez, determinam o precedente e são determinados pelo subsequente. As indicações do emissor e da sua emissão e do receptor só são determinadas pelas indicações de quantificação e de identificação. Estas últimas são unicamente determinantes. Aos noemas/semas usados como elementos de uma sucessão de determinados e determinantes chamo-lhes *functemas*. Existem os seguintes functemas:

— o núcleo, sempre representado por um eiconema (= *sujeito* = S; repare-se que se trata de um sujeito funcional e não de um sujeito formal ou gramatical)
— o qualitema que determina S, qualitema que não pode representar um acto de consciencialização ou de emissão (= *predicado* = Q; também aqui trata-se de um predicado funcional e não gramatical)

— o eiconema que indica o ser ao qual se destina o processo/a propriedade indicada por Q (= *destinatário* = D)
— a determinação do lugar em que se dá a atribuição de Q a S, representada por um topema (= *lugar* = L)
— a determinação do tempo em que se dá a atribuição de Q a S, representada por um cronema (= *tempo* = T)
— a determinação do grau de probabilidade que se atribui à combinação de S + Q em certo lugar e tempo (= *percentagem de probabilidade* =%)
— a indicação do *emissor* (= E) e do seu tipo (= e) e momento (= t) de *emissão*; E é representado por um eiconema, *e por*
— a indicação do *emissor* (= E) e do seu tipo (= e) e momento (= t) de *emissão*; E é representado por um eiconema, *e por* um qualitema que exprime uma maneira de consciencializar ou de comunicar (qualitema realizado em português em geral por um verbo reformativo ou volitivo), *t* por um cronema
— a indicação do *receptor* (= R), representada por um eiconema
— a indicação das quantificações (= *medida* = m)
— a indicação dos graus de *identificação* (= i)

Chamo a um conjunto ordenado de functemas *proposição* (= P). Simbolizando as relações de determinação com parênteses, convindo que o elemento externo determine o interno, podemos representar uma proposição mediante a seguinte fórmula:

$$P = (((((((\overset{i}{S}) \overset{i}{Q}) \overset{i}{D}) \overset{i}{L}) \overset{i}{T}) \% \overset{i}{E} + \overset{i}{e/} \overset{i}{t} + \overset{i}{R})$$
$$m\,m\,m\,m\,m m m\,m m$$

Amiúde uma parte dos functemas fica implícita porque deduzível do contexto e do co-texto. Por razões de comodidade deixarei de lado em geral os parêntese à esquerda, muitas vezes os functemas *i*, *m* = '*l*', *R*, *e/t*, % = '100%, *T*, *L*, *D*. Para facilitar a compreensão, indicarei às vezes as proposições na sua forma lexemizada como aparece nos textos ou lexemizados como frases nominais (i.é. substantivo abstracto + proposição *de* + agente ou paciente do processo/da propriedade indicados pelo substantivo abstracto, por exemplo: a vingança do lobo).

21

2.4. Da proposição à oração

As proposições podem considerar-se como possíveis estruturações semânticas explícitas universais do pensamento humano. Para a sua expressão ou lexemização é mister tomar em conta os seguintes factores:

— a ordem dos elementos na proposição não tem que coincidir com a ordem dos correspondentes lexemas;
— a fim de facilitar a compreensão, os lexemas podem ter uma ordem normal e/ou estar sujeitos às regras de concordância e de regência;
— os noemas/semas podem estar conotados;
— nas proposições há sempre um elemento temático (aquele de que se quer falar), constituindo outros a parte remática da proposição;
— um elemento pode ser enfatizado;
— os elementos que se podem deduzir do contexto extralinguístico e/ou do co-texto (i.é, do que precede e/ou segue no texto) podem ser eliminados como redundantes.

Tomando em consideração todos estes factores, proponho as seguintes operações para transformar uma proposição na correspondente expressão lexémica (= *oração*):

a) ponto de partida: a estrutura proposicional vazia:

$$P = \underset{mmmmm}{S)\overset{i}{Q})\overset{i}{D})\overset{i}{L})\overset{i}{T}) \% \underset{m}{\overset{i}{E}} + \underset{mmm}{e \ / \ \overset{i}{t} + \overset{i}{R})}$$

b) reordenação dos functemas segundo a ordem lexémica mais frequente na língua considerada (como já não se trata de uma sucessão de determinados e determinantes junto os functemas agora com +); para o português teremos:

$$P = \overset{i}{\underset{m}{E}} + \overset{i}{\underset{m}{e}} / \overset{i}{\underset{m}{t}} + \overset{i}{\underset{m}{R}} + \overset{i}{\underset{m}{S}} + \% + \overset{i}{\underset{m}{Q}} + \overset{i}{\underset{m}{T}} + \overset{i}{\underset{m}{D}} + \overset{i}{\underset{m}{L}}$$

c) preenchimento noémico/sémico (= *noemização*) dos functemas, por exemplo:

'João' + 'diz-'/'presente' + 'det' 'irmã' + 'João' + '100%' +
'1'   '1'   '1'   '1'

+ 'compr-'/ 'livro' + 'det' 'passado' + 'det' 'irmã' + 'det' 'em livraria'
    '1'   '1'   '1'   '1'

d) indicação das eventuais conotações (aqui: nenhuma)
e) substituição dos noemas/semas por lexemas (= *lexemização*) tomando como tema o noema/sema do functema S: o/a João + dig-/diz-/diss- + -o/-es/-e/∅/-emos/... + o/a irmã + o/ a João + ∅/é verdade + compr- + o/a livro + -ei/-aste/-ou/-ámos/... + o/a irmã + em/n- o/a livraria
f) aplicação das eventuais regras de concordância e de regência (aqui: os verbos que se referem a um substantivo que não remete nem para o emissor nem para o receptor exigem como indicadores temporais as desinências de 'terceira pessoa'; há certos verbos que exigem as desinências -o/-as/-a/..., outros -o/-es/∅/..., etc.; há certos verbos cuja forma lexémica varia segundo a desinência: dig + o, diz + es, diss + e, etc.; há certos substantivos que seleccionam o artigo na forma masculina, outros na forma feminina; a indicação do receptor liga-se ao verbo que indica a emissão mediante a proposição *a*; a indicação do destinatário liga-se ao verbo que implica uma destinação por meio da proposição *a* ou *para*; a proposição *em/n-* liga-se ao artigo na forma *n-*; etc):
o João diz à irmã que o João compr- o livr -ou para a irmã na livraria
g) ordenação normal dos lexemas:
o João diz à irmã que o João comprou o livro para a irmã na livraria

h) indicação do tema real e eventuais transformaçõe se este não coincidir com o sujeito; por exemplo, se se quiser tematizar *o livro* passaria a usar-se uma construção passiva: o João diz à irmã que o livro foi comprado pelo João para a irmã na livraria. Se um comunicado constar de mais proposições a selecção do elemento a tematizar em cada uma delas depende do tema do comunicado (cf. 9.1.);

i) eventual enfatização de um elemento; querendo, por exemplo, enfatizar-se o sujeito *o João*, a oração indicada transformar-se-ia em: o João diz à irmã que foi o João (=que foi ele) quem comprou o livro para a irmã na livraria;

j) eventual substituição por lexemas semanticamente mais pobres e/ou eliminção dos elementos redundantes, por exemplo: o João diz à irmã que lhe comprou o livro na livraria, ou, se o João coincide com o emissor 'eu' e a irmã está presente: comprei-te o livro na livraria.

2.5. As combinações de proposições e a sua lexemização

A relação entre duas ou mais proposições pode ser de carácter acumulativo, sucessivo, implicativo, causal ou disjuntivo.

Na *acumulação* (que simbolizarei com +) as proposições justapõem-se sem especificar a sua eventual interdependência sintémica, como por exemplo em: «A mãe da Salta-Pocinhas ... foi-se dali; (+) a raposeta deitou-se debaixo duma árvore» (*Romance da Raposa*, p. 45; «E emigraram muitos animais (+) e faleceram outros» (50). Casos particulares de acumulação são a repetição tautológica (=), a repetição sinomímica ($\simeq$), a cisão (Σ), a comparação ($\wedge$), o contraste (x) e o pseudocontraste (x). Na *repetição tautológica* repetem-se exactamente as mesmas atribuições ao mesmo sujeito: «O urso sábio... = o urso sábio» (22/25), (sc. a Salta-Pocinhas) «notou quanto (sc. o mel) era grosso e pegajento; (=) e, notando quanto era grosso e pegajento» (53). Na *repetição sinonímica* variam-se ligeiramente os semas das atribuições: «a Salta-pocinhos trotou, ($\simeq$) rastejou, ($\simeq$) sondou aquela grande mata de lés a lés» (27); «o bicho-palheiro bebeu, ($\simeq$) encheu o fole» (54). Na *cisão* cinde-se um ou mais noemas gerais em noemas mais específicos: «De sol a sol uns, da noitinha à manhãzinha outros, *os bichos* acudiam ali da floresta num formigueiro sem fim. (Σ) Lá vinha *aquele*, delgado e espevitado, cauda em leque, olhos grandes de moleque... Desfilaram por ali a papalva que se esconde com a alva, *a lontra* que ninguém encontra, *os musaranhos* perfumados, *os arganazes* roazes, *as ratazanas* e *os ratinhos* malandrinhos, *a gineta* casquilha, de cauda em cedilha, *a doninha* furadeira, o intratável *javali*, o bandido *do gato bravo*» (51-52); «Dois anos decorridos, nova e dura *estiagem* atormentou bosques e terrinhas de Portugal. (Σ) *Secaram* os prados, *pelaram* os montes, *emudeceram* as fontes» (57). Na *comparação* atribui-se em geral o mesmo qualitema ou qualitemas sinonímicos a dois eiconemas diferentes: «Tilintava a chuva nas folhas das árvores, uma chuva miudinha, branquinha, (∧) dando a ideia de farinha peneirada pela Lua» (27) «as nuvens a galope» (27; i.é: as nuvens corriam como correm os cavalos); «o céu estava estrelado (∧) como o chapéu dos espantalhos nos milheirais» (101); «E com esse arzinho vinham os bons perfumes de Maio, a macela e a giesta a florir a cada canto, os pinheiros a cheirar a seiva nova, as ervas todas a reverdecer, como se o sol daqueles dias (∧) fosse esplêndida e mansíssima ave, ocupada em chocar o grande ovo da Terra» (101). No *contraste* opõem-se os probabilitemas e ou os eiconemas ou os qualitemas ou os topemas ou os cronemas ou os metremas: «Secaram os prados, pelaram os montes, emudeceram as fontes. (x) No reino dos bichos só a veiazinha da água continuava fresca e límpida a cantar» (57); «enquanto os filhos se consumiam, (x) preparavam-se as galinhas para recolher, papo farto, com os galarozes, as felizardas» (98). O *pseudocontraste* distingue-se do contraste por não variar a denotação: «Não, ela não iria lá para fora... (x) a raposa deitou-se» (102).

Na *sucessão* (⇁) justapõem-se proposições cujos qualitemas se sucedem cronologicamente: «Correram os cortesãos (+) e foram dar com ele estendido à entrada do palácio, grande, magro e funéreo. (⇁) Do fundo das brenhas acudiu a população (⇁) e... os bichos todos entoaram um coro de alegria. (⇁) Depois achincalharam o cadáver» (63). Um caso particular de sucessão é a *sucessão universal* (⇁) em que se considera que à denotação de uma proposição sucede sempre a denotação de certa outra: «Louvado seja o lobo que, se os (sc. os cães) pilha a jeito, fá-los em almôndegas» (150).

Na *implicação* (>) considera-se que a predicação de uma proposição inclui logicamente a da(s) outra(s): «Ao cabo de alguns ataques e contra-ataques, pôde finalmente chupar os favos em paz (P2: <), que o exame perdera a ralé, destroçado (P1)» (53).

Na *causalidade* (→) considera-se a denotação da predicação de uma proposição como a causa da denotação da predicação de outra: «Desesperada de tão pouca sorte (P1: →), vinham-lhe tentações de tornar para casa dos pais (P2)» (13); «E como lá passassem todos, um por um (P1:→), o lobo postou-se de sentinela (P2)» (50-51).

Na *disjunção* (∨) combinam-se duas proposições cujos qualitemas, topemas, cronemas e/ou metremas não podem dar-se denotivamente ao mesmo tempo e/ou no mesmo lugar: «terreirinho à frente para gozar o fresco (∨) ou a soalheira» (27).

Se cada proposição tem um tema próprio, os sintemas lexemizam-se por meio de conjunções coordenantes, de advérbios ou do lexema ∅. Se de duas ou mais proposições só uma contém o tema ou ela mesma constitui o tema, então a proposição temática exprime-se como oração ou sintagma subordinante e as outras como orações ou sintagmas subordinados. Para a geração das estruturas lexémicas da combinação de duas ou mais proposições podem propor-se as seguintes fases:

— geração de cada oração isoladamente em ordem (crono)lógica, por exemplo: «Outros animais tinham sede. Estes animais faleceram».

— lexemização dos sintemas: «outros animais tinham sede. Por isso estes animais faleceram».

— eventual deleção das redundâncias: «Outros animais tinham sede. Por isso faleceram».

— se uma das proposições se considerar temática haverá de aplicar regras de permutação, substituição, deleção (e raramente de adição) de maneira que a proposição temática apareça como oração ou sintagma subordinante e as outras como orações ou sintagmas subordinados: «Faleceram outros (sc. animais) à sede» (50).

2.6. Conceito específico de comunicado

Especificando agora o que disse no § 2.1. podemos dizer que todo o comunicado consta em geral da lexemização de pelo menos uma proposição. A proposição constitui portanto a unidade básica significada dos comunicados enquanto que a correspondente oração constitui a sua unidade significante. Ao conjunto proposição/oração, unidade mínima dos comunicados, podemos chamar *textema*. Todo o comunicado constará assim de um ou mais textemas. Repare-se ainda que, como existem lexemas zero ((*casa*)-$\emptyset$ vs (*casa*)-s = 'singular' vs 'plural') também há orações que podem aparecer lexemizadas como zero, como é o caso de muitas pressuposições e implicações (cf. 3.1.). As proposições com lexemização nula podem indicar-se com † P.

3. AMPLIFICAÇÃO E DESAMPLIFICAÇÃO TEXTUAL

3.1. A amplificação proposicional

Uma proposição pode ser desenvolvida ou amplificada por outra(s) sem acrescentar informação relevante com respeito à definição do tema a tratar. Chamo a este processo *amplificação proposicional*. Para este efeito podem usar-se os seguintes procedimentos:

— a *repetição tautológica* (cf. 2.5.). Neste caso não se acrescenta nenhuma informação nova. Este tipo de amplificação serve para marcar o elemento repetido e/ou para retomar à distância certo elemento a fim de reactivar e de promover assim a coerência do comunicado (cf. 11.1.);

— a *a repetição sinonímica* (cf. 2.5.). Neste caso acrescenta-se uma pequena quantidade de informação nova. A sua função é análoga à da repetição tautológica; além disso pode produzir o prazer estético devido à variação superficial de um núcleo constante;

— a *cisão hiponímica* (cf. 2.5.) de uma classe nos seus elementos (os bichos Σ o bicho A, o bicho B, o bicho C, ...) ou de um processo nas suas partes (ir à aldeia Σ conceber um plano, correr, passar pelos lavradores ao pátio; cf. *Romance da Raposa*, p. 98-99) ou de um todo nas suas partes (o dia Σ a manhã, a tarde, a noite). Desta maneira podem-se especificar os termos mais gerais, facilitando assim a compreensão, além de se poder retardar a narração;

— a *comparação* (cf. 2.5.). Este procedimento permite acompanhar a nova informação da proposição de partida de informações já conhecidas, em geral de menor exigência abstractiva (= mais concretas), de modo que a nova informação é mais facilmente compreendida e fixada no cérebro; além disso pode servir para marcar um elemento da proposição de partida («a cama era mais quente e segura *que em castelo de rei*» (13), «O Pé-Leve saiu um *azougue de figura*» (14) ou para pôr em evidência traços parecidos em objectos ou processos até ali nunca postos em relação, estimulando assim a criatividade e o prazer estético («o céu estava estrelado como o chapéu dos espantalhos nos milheirais» (101), «como se o sol daqueles dias fosse esplêndida e mansíssima ave, ocupada a chocar o grande ovo da Terra» (101), «na réstia de lua que entrava pela cova e parecia leite entornado» (103). Pode porém ter também efeitos nefastos se se lhe der validade realista, como prevenia o etnólogo espanhol Julio Caro Baroja a propósito da situação política do seu país em abril-maio de 1978: «No necesitamos de anatomo-patólogos ni de cirujanos. Se necesitan psiquiatras o especialistas en monomaníacos que gritan, vociferan, o en débiles que hablan con mayor o menos altisonancia y a todas horas. Lo de comparar el cuerpo social con un organismo y sobre todo al humano fue algo que hizo Juan de Salisbury y que desarrollaron otros pensadores, hasta Nicólas de Cusa. Si esta imagen se aplicara a lo actual, ya no podría pensarse que los aldeanos son los pies seguros; lo de que los administradores fueran las manos se podría aplicar con malicia y lo de que los jefes visibles son la cabeza empieza a producirnos zozobra. Una cosa es estar en cabeza y otra es tenerla. A un jefe demócrata lo menos que puede pedirsele es que no use símiles que recuerden a los que se empleaban durante la guerra civil. Entonces también, en efecto, se hablaba de cánceres (uno de ellos era Cataluña), de extirpar, limpiar, purgar, depurar, haciendo en ocasiones de cirujanos..., otras de simple lavativero, un oficio médico inferior. Lo que necesita el país es una política sin cirujanos, sin lavativeros y vamos a suponer que hasta sin psiquiatras o tontólogos (valga el barbarismo). Porque sus males son políticos y no médicos, y las metáforas médicas son falsas, desagradables y peligrosas». (*El País*,

10-V-78). Com uma comparação não se acrescenta informação verdadeiramente nova com respeito à proposição de partida;
— o *contraste* e o *pseudocontraste* (cf. 2.5.), com os quais se põe em relevo um elemento da proposição de partida. Nas páginas 101-102 do *Romance da Raposa*, por exemplo, os queixumes da raposeta são ressaltados não só pela hiperbolização e explicitação das possíveis implicações: «soltou queixume tão alto e magoado que o mocho, o grilo, os ralos, as rãs emudeceram, espavoridos, por muito tempo», mas antes de mais pelo canto alegre dos outros bichos naquele dia de primavera: «O mocho começou a piar para os penedais: Que fizeste tu? Que fizeste tu? E a voz do passorolo, a quem sempre tratara como rês de matadoiro, enterneceu-a. Um grilinho, bem perto, pôs-se a musicar: Sou livre! Sou livre! Sou livre! Depois os ralos nas clareiras e as rãs nos charcos, cantando, diziam: Vem cá para fora! Vem cá para fora!». A tranquilidade do Salta-Pocinhos é sublinhada na página 45 pelo contraste com o medo de mestre Vicente, amigo de infância, «que, de poleiro num ramo, tremia pela sua sorte», enquanto que a raposeta «se quedou muito tranquila, como se consigo nada fosse» (note-se que neste caso até a aliteração indica a ligação contrastiva que o leitor deve operar com *tremia* e *tranquila*). Este procedimento permite além disso o desenvolvimento da coerência e da consciência dos comunicados (cf. 11. 2.). Acrescenta informação nova, mas não relevante;
— a *explicitação das possíveis pressuposições*. Para enganar o lobo postado de sentinela à fonte a raposeta ideou o seguinte ardil: «Espremendo os favos bem espremidos, untou-se toda com mel, por baixo, por cima, no pescoço, na suã, nas orelhas. Dali, foi de rota-batida à eira, rolou-se muito rolada no palhiço que ficara das debulhas e, rolada como rabanada no ovo, tornou-se ainda a rolar. E praganas, espigas chochas, toda a palhinha miúda se colou a ela. E parecia outra, assim mascarada, a comadre raposa.» (53). Para a compreensão da história não é preciso acrescentar como a Salta-Pocinhos pode ter chegado a imaginar esse ardil. O autor, porém, oferece-

31

-nos a sua «pré-história»: «Uma tarde o sol foi tão abrasador que a raposinha, cheia de aflição, deitou a correr a um colmeal a molhar a boca no mel. Tombou um cortiço, porém as abelhas deram sobre ela feras e encarniçadas. E o que lhe valeu foi atirar-se ao chão e rebolar-se, rebolar-se muitas vezes até esmagar umas, amachucar outras, cansá-las a todas. Voltou, depois, ao cortiço; saíram novas abelhas a acometê-la. E, segunda, terceira vez, se rojou pelo solo. Ao cabo de alguns ataques e contra-ataques, pôde finalmente chupar os favos em paz, que o enxame perdera a ralé, destroçado. Lambendo o mel, o que lhe soube como a melhor canja, notou quanto era grosso e pegajento; e, notando quanto era grosso e pegajento, a ideia do ardil providencial nasceu em sua alma sequiosa» (52-53). A explicitação das possíveis pressuposições permite retardar a velocidade da narração, além de promover o desenvolvimento da coerência e da consistência (cf. 11.). Acrescenta informações novas não relevantes;

— a *explicitação das possíveis implicações*. Informando-nos de que «Breve (sc. a Salta-Pocinhas) conheceu todas as aldeias das redondezas» (48) Aquilino acrescenta logo o que isto pode implicar: «e, nas aldeias teve o cuidado de estudar os caminhos que lá vão bater dos quatro pontos, depois, as ruas, os quintais, as casas, com os seus poleiros, seus moradores, seus rebanhos, e, acima de tudo, com seus cães. A estes distinguia-lhes o ladrido e fora mesmo até averiguar de suas ligeirezas a correr» (48-49). Este procedimento funciona como o precedente;

— a *exemplificação*, com que se concretizam as imagens mais gerais, como no seguinte exemplo: «A estes (sc. os cães das aldeias) distinguia-lhes o ladrido e fora mesmo até averiguar de suas ligeirezas a correr. Sabia que o padre-prior tinha um cão, o velho e simpático Piloto, que passava a vida na casota, a perna cruzada à mariola, e que desse ginja e jarreta pouco havia que temer; que o Mondego do Joaquim da Bernarda trazia puas na coleira para poder lutar com os lobos e era um guarda de respeito. Conheceu a Diana, a Farrusca, o Joli, e outros podengos de caçadores que só têm léria e mais nada» (49). Este procedimento facilita a compreensão, além de permitir retardar a narração, marcar certos elementos e promover a coerência (cf. 11.1); acrescenta informações novas não relevantes;

— a *digressão pormenorizante,* com a qual se descreve de maneira objectivante algo mais precisamente ou em todas as sua partes sem contribuir à aclaração de tema, como a seguinte descrição da horta que fornece à Salta-Pocinhas as couves para se disfarçar: «Depois, correu a uma horta — para manter a qual, tenra e viçosa, um burro de olhos tapados puxava à nora de manhã a sol-pôr — apanhou as folhas largas de couve troncha» (60). Com este procedimento pode-se retardar a narração;

— a *digressão ornamental,* com a qual aos noemas/semas da proposição de partida se acrescentam outros que o emissor associa mais ou menos espontaneamente aos primeiros, criando assim normalmente efeitos estéticos, como quando, em vez de se limitar a contar que a raposeta «comia peixes», Aquilino nos diz que «com grande prazer mascava esses peixinhos delicados e sarapintados, com farda mais imponente que a dum tenente» (59); repare-se que o lexema *prazer* é um indício para o leitor de que está em presença de uma frase puramente estética).

Chamo às proposições de partida *proposições básicas,* às proposições que desenvolvem as básicas *proposições amplificativas.*

3.2. A textura

Vimos que um comnicado consta de um conjunto de textemas (cf. 2.6). Mais analiticamente podemos agora dizer que um comunicado consta de um conjunto de proposições e do correspondente conjunto de orações. Uma parte (que pode coincidir com a totalidade) das proposições são sempre básicas, o resto eventual é constituído pelas proposições amplificativas. O conjunto das proposições de um comunicado forma a sua *textura*, o conjunto das suas proposições básicas a *textura básica*, o conjunto das suas proposições amplificativas a sua *textura redundante* ou *redundância*. A redundância de um comunicado serve para facilitar a desambiguação/compreensão, para fazer ressaltar um elemento, promover a coesão, retardar a narração (dando assim ao leitor a ilusão de que a acção narrada se vai desenvolvendo ao longo de certo tempo e criando uma certa expectativa), produzir efeitos estéticos.

Chamo *texto* ao conjunto das orações de um comunicado. Todo o texto pode em geral verter-se num conjunto de proposições. Este procedimento, embora demorado, tem entre outras as seguintes vantagens:

— permite explicitar todas as informações contidas num comunicado, excepto as indicações de marcação e de coerência expressas por meios infra-lexémicos (aliteração, rima, etc.) ou mediante a posição relativa dos lexemas;
— comparando entre si as informações explicitadas pode-se estabelecer a textura básica de um comunicado e a sua redundância. Sabendo que em geral uma boa parte de um comunicado consta de redundância, é necessário poder delimitá-la para por um lado detectar o tema, e por outro explicar qual a função da redundância com respeito ao tema;
— pondo em evidência os noemas/semas que se repetem, facilita a detecção das tonias noémicas (cf. 5.1.).

3.3. A desamplificação proposicional

A desamplificação de um comunicado é o processo inverso da amplificação (cf. 3.1.). Efectua-se por eliminação das proposições amplificativas. Eliminando as repetições tautológicas, as repetições sinonímicas, as comparações e os pseudocontrastes obtém-se o *resumo*; integrando por hiperonímia os elementos cindidos por hiponímia (cf. 3.1.) e eliminando os contrastes, as explicitações das possíveis pressuposições e implicações, as exemplificações e as digressões obtém-se a *textura básica*. A ordem do aparecimento das proposições desta poder respeitar uma ordem (crono)lógica ou não. No segundo caso, para a compreensão do comunicado, convém estabelecer a ordem (cronol)ógica dos fenómenos narrados ou descritos. Dada uma textura básica, se o receptor escolher os elementos sobre os quais pensa dever fixar a própria atenção eliminando os outros enquanto, segundo ele, necessariamente pressupostos ou implicados, obtém-se uma *síntese*. Exemplificando:

possível textura básica

A Salta-Pocinhas ofendeu o lobo. Este jura vingar-se. Deita bando de guerra contra ela. Os outros bichos parecem aceitar o bando, mas não conseguem entender-se. O arraial debanda.
(Cf. *Romance da Raposa*, p. 43-48).

possível síntese

Vingança frustrada do lobo contra a Salta-Pocinhas.

O resumo é o passo que conduz à detecção da textura básica. A detecção desta é um passo necessário para estabelecer os textóides (cf. 4.2.) e para chegar à síntese. Esta última serve de primeira guia na compreensão de um comunicado fazendo consciencializar uma série de informações julgadas à primeira vista as mais importantes. O estudo dos textóides, das tonias noémicas e das redundâncias servirá para confirmar e corrigir estas hipóteses. Querendo estudar uma obra cujos lexemas são todos conhecidos, as primeiras operações a realizar depois de uma ou duas leituras seguidas serão portanto o estabelecimento do resumo, da textura básica e da síntese. Uma síntese do *Romance da Raposa* pode ser a seguinte:

Primeira parte

1) a Salta-Pocinhas (= SP), despedida da casa dos pais, anda à procura de comida e de abrigo
2) a SP pede ajuda ao teixugo, que lha nega, pelo que a raposeta o negaceia
3) o teixugo vai denunciar a SP ao vizo-rei, o lobo
4) o lobo, doente, quer um cirurgião
5) a SP vinga-se do teixugo aconselhando ao lobo que, como remédio, se aplique a pele de um teixugo recém-esfolada
6) enganado, o lobo trata de vingar-se contra a SP deitando-lhe bando de guerra

35

7) gorada esta tentativa, o lobo trata de apanhar a SP na única fonte que durante uma estiagem não secara; a SP engana o lobo disfarçando-se de bicho-palheiro
8) frustrada esta segunda tentativa, o lobo, noutra estiagem, aposta-se de novo à fonte; desta vez a SP logra o lobo mascarando-se de lagarta das couves;
9) frustrada esta terceira tentativa, o lobo finge-se morto; a SP descobre a armadilha; os bichos proclamam a república
10) graças à ajuda de um cavalinho fugido, a SP farta-se de figos lampos
11) o lobo pensa caçar o cavalinho; a SP convence o lobo que o cavalo é um mestre de dança, liga o rabo do cavalo ao pescoço do lobo, o cavalo escaqueira as queixadas ao lobo; combate entre os lobos e os cavalos; entretanto a SP assalta as abegoarias

Segunda parte

12) a SP enviuva; tem medo de sair
13) instigada pela fome dos cachorros e a própria, faz uma surtida
14) emparedada pelo bicho-homem, consegue libertar-se enganando o bufo e o gato bravo e volta à vida de caça
15) envelhecida e desamada dos outros bichos, a SP consegue que lhe tragam comida libertando os outros bichos das pulgas
16) a SP consegue comida graças a uma aliança com o lobo
17) desfeita a aliança, a SP abre uma escola para os raposinhos para fugir a uma vida de mendicidade
18) fechada a escola depois de uma irrupção de caçadores e desprezada pelas outras raposas, a SP disfarça-se de mendiga e depois de bruxa; com este trajo espanta os outros bichos e rouba-lhes a comida
19) a SP consegue uma «reforma» em troca de libertar os bichos do «monstro»

Esta síntese mostra tratar-se de uma longa sequência narrativa de aventuras da Salta-Pocinhas em que esta tem que superar uma série de dificuldades para conseguir o alimento vital. Com respeito à narração, a descrição, onde existir, desempenha um papel secundário. A síntese que propomos consta de 19 segmentos; a delimitação dos segmentos é intuitiva e terá que ser confirmada ou corrigida pela comparação com as proposições iniciais e finais dos textóides (cf. 4.4.).

4. OS TEXTÓIDES

4.1. Textura atextóidica vs textóidica

As proposições básicas de uma textura podem alinhar-se uma atrás da outra sem formar configurações especiais, como por exemplo no caso seguinte (cf. *Romance da Raposa*, p. 69-70; P = proposição, i-o = determinados números subsequentes de uma série maior):

    Pi   cavalo) caminhar) lugar l) tempo t)
    Pj   raposa) caminhar) lugar l) tempo t)
    Pl   raposa) comer) alguns bichos)
    Pm   cavalo) chegar) a uma mata) de noite)
    Pn   raposa) chegar) a uma mata) de noite)
    Po   cavalo) com medo)

Falo neste caso de uma *sucessão atextóidica* (= $\overline{TX}$). Se uma textura não apresenta nenhuma configuração especial, é atextóidica. Neste caso as proposições ligam-se em geral por sucessão ($\mp$) ou por causalidade ($\rightarrow$). Em geral, porém, as proposições básicas de uma textura podem agrupar-se segundo certos critérios em determinados feixes a que chamo *textóides* (= TX), denominação motivada pelo facto de estes feixes informarem a estrutura básica de muitos, mas não de todos os comunicados.

4.2. Os textóides e a definição funcional das personagens

Segundo o seu preenchimento noémico/sémico e/ou a sua função pragmática podem distinguir-se textóides descritivos, narrativos, compensatórios e argumentativos. Falo em *descrição* quando as proposições consideradas informam sobre como certo objecto é de per si,

i. é sobre as qualidades essenciais desse objecto. Por *narração* entendo a informação sobre o que acontece com certo objecto em certo lugar e momento, i. é sobre como é ou sobre o que faz certo lugar e momento, ou, dito ainda com outras palavras, quando a informação versa sobre as qualidades existenciais ou contingentes de certo objecto. Falo em *compensação* quando as proposições consideradas informam sobre uma troca de haveres reais ou morais entre dois seres. Estamos em presença de uma *argumentação* quando as proposições consideradas informam sobre o raciocínio que uma pessoa faz para convencer a si mesma ou outra pessoa de alguma coisa. Num comunicado pode, mas não tem que, predominar um destes quatro aspectos.

Os *textóides descritivos* constam de uma série de proposições ligadas por acumulação, cujos predicados de noema variado se referem ao mesmo sujeito e cujos tempos coincidem, como acontece na descrição de uma pessoa ou de um monumento. Expresso formularmente:

$$TX = P1(x,q_1,t_a) + P2(x,q_2,t_a) + \ldots + Pn(x,q_n,t_a)$$

Estes textóides constituem a estrutura básica dos livros de «caracteres» (Teofrasto, Fernando del Pulgar; Ramalho Ortigão, *As Farpas/Os indivíduos*; Camilo, *Cancioneiro alegre*) e de certos anúncios, como o seguinte de uma marca de vinho francês (cf. *VSD*, n.º 135,3/9-4-80):

>«Rouge de Listel.
>Le compagnon de la côte de boeuf.
>Le chevalier servant des grillades.
>Le confident de la poule au sel.
>L'allié subtil du lapin chasseur.
>L'invité de choix de fromages de terroir».

Neles temos em geral uma única personagem que sempre aparece em posição de sujeito e constitui o sujeito do tema do textóide.

Os *textóides narrativos* podem ser sucessivos ou transformativos.

Os *textóides sucessivos* constam de uma série de proposições ligadas por sucessão, cujos predicados de noema variado se referem ao mesmo sujeito e cujos tempos se subseguem. Formularmente:

$$TX = P1(x,q_1,t_1) \not{\mp} P2(x,q_2,t_2) \not{\mp} \ldots \not{\mp} Pn(x,q_n,t_n)$$

Estes textóides caracterizam anais, crónicas, diários, fluxos de consciência, certos tipos de romance, etc., como por exemplo o seguinte trecho da carta de Pero Vaz de Caminha: «... que a partida de belem como vossa alteza sabe foy segunda feira ix de março (Pi). e sabado xiiij do dito mes emtre as biij e ix oras nos achamos amtre as canareas mais perto da gram canarea (Pj) e aly amdamos todo aquele dia em calma a vista delas obra de tres ou quatro legoas (Pl). e domingo xxij do dito mes ouuemos vista das jlhas do cabo verde .s. da jlha de sã njcolaao segundo dito de pedro escobar piloto (Pm) ...».

Nestes textóides temos uma única personagem temática, que ocupa ou a posição de sujeito das proposições (como por exemplo nas crónicas) ou de emissor (como nos fluxos de consciência).

Os *textóides transformativos* podem ser intencionais ou não intencionais. Os textóides transformativos intencionais constam teoricamente de oito proposições com os seguintes conteúdos:

P1   uma pessoa M encontra-se numa situação neutra ou aceitável (= SO)
P2   um acontecimento perturba essa situação (= causa = C)
P3   M chega a encontrar-se numa situação desagradável (= S1)
P4   M quer sair da situação desagradável S1 para alcançar uma situação agradável S2 (= intenção = I)
P5   M age para sair de S1 e alcançar S2 (= transformação = T)
P6   uma pessoa A ajuda M na sua actuação (= ajuda = A)
P7   uma pessoa B impede ou trata de impedir M e eventualmente A na sua actuação (= dificuldade = D)
P8   M alcança a situação agradável desejada (= S2)

Formularmente:

$$TX = SO \not{\mp} C \to S1 \to I \to ((T \not{\mp} A) xD) \to S2$$

Os textóides transformativos não intencionais distinguem-se dos intencionais por faltar a indicação da proposição P4 = I. O sujeito de SO, S1, I, S2 e em geral também de T é o mesmo e contém a *personagem tematizada ou principal*. A transformação pode consistir numa união (por exemplo no casamento) da personagem sujeito com a personagem que preenche o functema destinatário: neste caso chamo a esta segunda personagem *personagem alvo*. Os sujeitos de A e de D, quando presentes, podem constituir o fulcro de T; por isso chamo-lhes respectivamente *personagem-chave positiva* e *personagem-chave negativa*. A situação agradável desejada S2 pode coincidir com S0. Se não for alcançada (i.é se S2 = ∅), a personagem M recai em M1 ou chega a uma situação não prevista S3, representada amiúde pela sua desaparição (partida, encerramento num convento, morte: neste último caso podemos falar numa S3 trágica (S3t). Também pode acontecer que S2 ou S3 seja alcançada só passageira ou parcialmente (S2p/S3p), o que pode causar a repetição do textóide (= *fuga textóidica*). S2 opõe-se semanticamente a S1 ou indica o que falta a S1 para que a personagem M recobre o seu equilíbrio. So e C podem estar só pressupostas, quer dizer, não aparecer explicitamente no texto. A e D podem ser voluntárias (a pessoa que preenche o sujeito de A e D quer ajudar/prejudicar a personagem principal) ou involuntárias (a ajuda/o prejuízo é não intencional, casual, como por exemplo a interrupção de uma estrada pelo mau tempo), activas ou passivas (certa actuação respectivamente o facto de não actuar funciona como ajuda ou dificuldade); também podem faltar. I, A e D podem estar simuladas ($\bar{I}, \bar{A}, \bar{D}$), T,S2 e S3 ser só hipotéticas, i.é imaginadas ($\bar{T}, \bar{S}2, \bar{S}3$). No mesmo textóide pode haver várias T,A e D (T1,T2,...,Tn, etc.). Os textóides transformativos informam a maior parte dos romances barrocos e realistas.

Os *textóides compensatórios* constam na sua forma plena de seis proposições que representam a contracção mútua de um compromisso entre duas pessoas ou grupos: A promete um benefício a B (P1) e exige de B uma compensação (P2), B aceita o benefício (P3) e a exigência de A (P4), ao que se seguem a execução do benefício (P5) e a execução da compensação (P6). Formularmente:

$$TX = ((P1 + P2) + (P3 + P4)) \rightarrow (P5 \rightarrow P6)$$

A forma de realização primária deste textóide é o contrato explícito entre dois *contratantes*. Dão-se porém também «contratos» *a posteriori*: uma pessoa pode sentir-se obrigada a uma outra (= P3, P4) pela actuação favorecedora desta (= P5) sem ter havido acordo prévio, às vezes nem intenção compensatória. Um tipo particular de textóide compensatório é a ameaça, em que o contratante que toma a iniciativa prevê não só um benefício, mas também um prejuízo para B se este não aceitar a exigência:

P1   benefício de A para B
P2   exigência de A para B

P1'   possível não aceitação da exigência de A para B
P2'   possível prejuízo de A para B

P3   aceitação do benefício de A por B
etc.

Também pode acontecer que um contrato seja esboçado, mas não chegue a realizar-se. Estes textóides informam a estrutura básica dos contratos, dos pactos, das alianças, dos compromissos, etc. e desempenham um papel importante na economia de muitos textos chamados narrativos e folclóricos. Nestes funcionam frequentemente como ajuda de um textóide transformativo ou permitem a entrada em contacto entre personagens de diferentes classes sociais separadas por grandes barreiras preconceituais (permite por exemplo o casamento entre um nobre e uma mulher de baixa condição, entre um ser humano e um «monstro», etc.). Nos textos estes textóides podem aparecer em forma abreviada só com a indicação das «execuções» do estipulado, o que podemos simbolizar formalmente com P1 ⇆ P2.

Os *textóides argumentativos* estão representados pelo silogismo, a fábula e o raciocínio.

O *silogismo* consta de quatro proposições em que coincidem os sujeitos de P1/P2, os sujeitos de P3/P4, os predicados de P1/P3, os predicados de P2/P4, e que se combinam como segue: ((P1 > P2) + P3) > P4. Exemplo: «Se x é um homem (P1), então x é mortal (P2). O João é um homem (P3). Portanto o João é mortal». O silogismo pode ser encarado também como cisão de uma proposição cujo sujeito está determinado por um quantor ou metrema universal («Todos os homens são mortais»).

A *fábula* consta teoricamente de dez proposições agrupadas como segue (para facilitar a compreensão explicito onde necessário os sujeitos (x = sujeito indefinido, A/B = sujeitos definidos), os predicados (q = certa actuação), os graus de probabilidade, o emissor e o receptor).

P1 (x, q, 100%) → P2 (x, situação agradável, 100%)
P3 (x, q, 0%) → P4 (x, situação agradável, 0%)
P5 (A, q, 100%) → P6 (A, situação agradável, 100%)
P7 (B, q, 0%) → P8 (B, situação agradável, 0%)
P9 (receptor, situação agradável, receptor/querer) → P10 (receptor, q, 100%)

Formularmente:

$$TX = (((P1 \to P2) \times (P3 \to P4)) \wedge ((P5 \to P6) \times (P7 \to P8))) > (P9 \to P10)$$

As proposições P1, P2, P3, P4 constituem a *hipótese* da fábula, P5, P6, P7, P8 a *exemplificação* positiva e negativa, P9, P10 a *moral*. Uma parte da hipótese (P1/P2 ou P3/P4) e/ou a exemplificação e/ou a moral podem ficar implícitas, i.é. não aparecer expressas no texto; as exemplificações podem multiplicar-se. Um exemplo de textóide fábula pode ser o seguinte:

P1 → P2 : se o homem for sagaz, então governará bem a sua vida
P3 → P4 : se o homem não for sagaz, então governará mal a sua vida
P5 → P6 : a raposa é sagaz, por isso governa bem a sua vida
P7 → P8 : o lobo é estúpido, por isso governa mal a sua vida
P9 → P10: se quisermos governar bem a nossa vida, temos que ser sagazes

As exemplificações podem tomar a forma de textóides transformativos. As *personagens exemplificativas* A e B opõem-se normalmente pelas suas qualidades. Os textóides fábula informam boa parte da narrativa moralizante.

O *raciocínio* consta fundamentalmente das seguintes proposições (para maior clareza explicito onde necessário os emissores (A, B,), os graus de probabilidade, os conjuntos {S, Q, D, L, T} (= I, J), e certos sintemas e apresento os functemas numa ordem linear superficial:

P1 A dizer: 0% I
P2 B dizer: 100% I
P3 A querer demonstrar: (0% I) corresponder à realidade (i.é: verdadeiro)
P4 A dizer: (100% I) implicar (100% J)
P5 A dizer: B saber que (0% J)
P6 A dizer: (0% J) excluir (i.é: ≯) (100% I)
P7 A dizer: ((0% J) excluir (100% I)) implicar ((100% I) não corresponder à realidade = é falso)
P8 A dizer: (100% I) ser falso) implicar (0% I ser verdadeiro)

Formularmente:

$$TX = (P1 \times P2) \rightarrow P3 \rightarrow ((P4 + P5) \overset{\rightarrow}{+} P6 \overset{\rightarrow}{+} P7 \overset{\rightarrow}{+} P8)$$

Exemplo: «O Pedro diz que não é culpado (P1). O João diz que o Pedro é culpado (P2). O Pedro quer provar que a acusação do João é falsa (P3). Se fosse culpado devia ter estado em Lisboa no dia do acontecimento (P4). O Pedro pensa que o João, porém, sabe que o Pedro no dia do acontecimento não estava em Lisboa (P5). Isto implica que ele, o Pedro, não é culpado (P6-P8)». Os raciocínios são frequentes nas causas judiciais, nos tratados científicos especulativos, na elaboração de planos de acções, etc. A personagem A representa o acusado, a personagem B o acusador.

4.3. Lógica textual vs lógica accional

Os textóides e o seu encandeamento constituem o que poderíamos chamar uma lógica *textual*. Esta não deve confundir-se com a lógica humana e animal extratextual: uma personagem pode actuar num texto de maneira diferente do que estamos habituados a ver na sociedade real. As proposições básicas dos textóides devem estar representadas explícita ou implicitamente no texto e não devem ser extrapoladas de uma comparação entre a lógica do texto e a norma lógica accional extratextual.

Note-se ainda que a ordem (crono)lógica das proposições dos textóides pode aparecer modificada/invertida na superfície do texto e que as proposições de dois ou mais textóides podem enredar-se na estrutura superficial.

Note-se enfim que nos textóides descritivos e transformativos os elementos de mais peso são normalmente os sujeitos e os predicados (*S* e *Q*); nos textóides compensatórios e argumentativos são-no os emissores e os seus modos de emissão (*E* e *e*); nos textóides sucessivos aparece o acento tanto sobre S/Q como sobre E/e. Pondo em primeiro plano S/Q uma obra evidencia acções e estados das personagens (predomínio actorial), pondo em primeiro plano E/e, evidencia os pensamentos e as tentativas de comunicação das personagens (e, eventualmente, do narrador; predomínio auctorial).

4.4. A estrutura textóidica do Romance da Raposa

O *Romance da Raposa* apresenta os seguintes textóides e sucessões atextóidicas (na apresentação do primeiro textóide indicarei também as orações em que me baseio para construir o textóide afim de facilitar a compreensão deste trabalho de abstracção e reordenação das ideias; aos textóides acrescentarei para uma maior concretização uma denominação deduzida em geral, onde possível, da proposição I = intenção):

Primeira parte

TX1 *textóide informativo* com a Salta-Pocinhas (= SP como personagem principal, procura de comida
SO SP) viver farta) em casa paterna)
«Salta-Pocinhas, minha filha, tens de procurar outro ofício. Comer e dormir, dormir e comer também eu queria» (14)
C   SP) abandonar) toca paterna) pais/querer)
«— Salta-Pocinhas, minha filha, tens de procurar outro ofício» (14)
«A ti, Salta-Pocinhas, guardámos-te mais tempo connosco, esperando que nos servisses de arrimo para o fim dos dias. É negócio arrumado» (15)
«Pronto, deitaste bom corpo, arranja-te, arranja-te! Para baronesa não nasceste» (15)
«Estou velha... caduca — tornou a mãe... — Não te posso manter, ainda que quisesse» (16)
«Vai, e que a minha bênção te cubra!» (18)
S1 SP) esfomeada
«depois de uma semana de fome» (13)
«a raposeta, não obstante o jejum» (18)
«Ando a morrer de fraqueira» (23)
«Ando negra de fome» (28)
«Ando mirradinha de fome!» (38)
«sentia cada vez mais as torturas da fome» (38)
I   SP) alcançar comida) SP/querer)
«a Salta-Pocinhas... sem conseguir deitar a unha a outra caça além duns míseros gafanhotos» (13)
«Continuou a Salta-Pocinhas a buscar com que iludir a fome» (19-20)
T1 SP) andar à caça)
«Havia três dias e três noites que a Salta-Pocinhas... corria os bosques, farejando, batendo mato» (13)

	«Cheirando aqui um provável rasto, furando além por uma brenha, por muito breve que fairasse, por muito subtil que andasse» (18)
	«Cuidadoso e lesto era o seu caçar» (18)
	«Continuou a Salta-Pocinhas a buscar com que iludir a fome» (19-20)
	«Salta-Pocinhas... em cata de biscato que trincar» (20-21)
T2	SP) voltar) para casa paterna) SP/pensar)
	«vinham-lhe tentações de tornar para casas dos pais, onde embora subterrânea, a cama era mais quente e segura que em castelo de rei, e onde nunca faltava galinha, quando não fosse fresca, de conserva, ou então coelho bravo, acabado de degolar» (13)
T3	Pé-Leve) dar comida) à SP/pedir/Pé-Leve)
	«Mano, ando a cair de debilidade» (19)
T4	fuinha) dar comida) à SP) SP/pedir/fuinha
	«— Priminha — lamuriou a raposeta — há três dias que não provo migalha» (20)
T5	SP) procurar) teixugo)
	«Ouvi dizer que o teixugo Salamurdo pilhou pata... Onde habita o felizardo?» (para a fuinha; 20)
	«mas diga-me por favor: onde mora o teixugo Salamurdo» (para o gato bravo; 21)
	«Andando, andando» (21)
	«Ouça, tia Mariana, não é capaz de me ensinar onde mora o teixugo Salamurdo?» (24)
	«A raposeta rodou por ali fora, veloz, subtil, repetindo a lengalenga com receio de se enganar no caminho» (25)
	«Esfalfada, tendo perdido o rumo que lhe traçara o urso sábio, a Salta-Pocinhas trotou, rastejando, sondou aquela grande mata de lés a lés» (27)
T6	teixugo) dar comida) à SP) SP/pedir/teixugo)
	«Por alma das suas obrigações, dê alguma coisinha!» (28)
	«Ouvi dizer que Vossa Senhoria pilhou pata... Sou a Salta-Pocinhas, sua amiga leal, verdadeira!» (28)
	«E mais uma vez a súplica se perdeu no silêncio da terra e do solar adormecido. Em tom provocante, furiosa, gritou, então, à entrada do corredor: — Pai teixugo, narigudo, barrigudo, alma de besugo, larga a pata! Larga a pata!... a pata!!!» (28-29)
	«Ó meu rico senhor, tenha dó! Ando mirradinha de fome! Já nem me recorda que engolisse um escaravelhinho» (29)
	E renovou a cantilena: — Ó meu rico senhor!» (30)
A1	SP) ir) ao teixugo) Pé-Leve/dizer/SP)
	«Ouvi dizer que o teixugo Salamurdo pilhou pata. Vai-te lá, que é esmoler» (19)
A2	teixugo) viver) além fora) fuinha/indicar/a SP)
	«Onde habita o felizardo? — Além fora! — e, depois de lhe apontar a direcção...» (20)

47

A3 teixugo) viver) em certo lugar) urso/indicador/a SP)
«mete por esse atalho fora, sempre em frente. Ao fundo torce à esquerda; onde vires um carvalhal torna à direita e, obra de cem passos a nascente, dás com o castelo do tal Salamurdo»

A4 (involuntária)
lobo) despedir) do seu palácio)
«Raposa, vou buscar o tal remédio abençoado!... O lobo despediu pós-catrapós à cata do asseado e belo senhor» (14)

D1 SP) volta) para casa paterna) SP/ter vergonha
«a raposeta... tinha vergonha de voltar à cova natal» (18)

D2 fuinha) dar comida) à SP)0%)
«— Priminha — lamuriou a raposeta — há três dias que não provo migalha...
— Deus se lembre das minhas faltas, amiga!» (20)

D3 teixugo) viver) em certo lugar) gato bravo/calar/a SP)
«Vá ao direito do nariz; não erra légua-da-póvoa» (21)

D4 teixugo) dar comida) à SP) 0%)
«O bicho não respondeu» (29)
«Não tenho nada que dar, mas, tivesse eu galinhas ou patas aos montes, sob pena de para aí apodrecerem, não eram para vocês que vem empestar a casa» (30)

S3p SP) desesperada)
«Desesperada de tão pouca sorte» (13)

S3p SP) encontrar comida) 0%)
«mas lá de descobrir láparo embezerrado no meio dum tojo, rã a coaxar no charco, besouro, que fosse, a tocar o rabecão, andava com tão pouca sorte que nem a tivessem enguiçado olhos de feiticeira» (19)
«Continuou a Salta-Pocinhas a buscar com que iludir a fome, à falta de melhor, esses insectos e pequenos répteis que não enchem boca e apenas são bons para o estômago em dieta. Mas quê?! Lagartos, lagartixas, cobrinhas pretas, grilos, ralos, abelhões só de dia saem ao terrado e precisam de sol» (19-20)

S2P SP) apanhar) míseros gafanhotos)
«sem conseguir deitar a unha a outra caça além duns míseros gafanhotos» (13)

S2 fartar-se)
«A Salta-Pocinhas correu à fressura, imolou-a em três tempos, e quedou-se, sentada sobre os quadris, enquanto espevitava os dentes, a malucar nas voltas da fortuna» (41)

Este textóide abre o texto do *Romance da Raposa* e cobre, imbricado como os textóides TX2, TX3, TX4, TX5 e TEX6 os primeiros dois capítulos da primeira parte, sendo porém o mais desenvolvido deles. A multiplicação das T, A e D aponta para a grande dificuldade que a Salta-Pocinhas tem para alcançar o alimento vital. A raposeta antes trata de o conseguir respeitando as convenções de convivência social, mas tem que verificar que é só enganando o lobo (cf. TX5) que pode realizar a sua intenção inicial.

TX2 *textóide transformativo* com a Salta-Pocinhas como personagem principal; procura de abrigo
SO   SP) viver abrigada) em casa de paterna)
    cf. C de TX1
S1   SP) com abrigo) 0%)
I   SP) encontrar abrigo) SP/querer)
T1   SP) procurar abrigo
T2   cf. T2 de TX1
T3   SP) empestar) solar do teixugo)
A   (involuntária)
    lobo) matar) teixugo)
S3p cf. S3p de TX1
S2   SP) instalar-se) no solar do teixugo)

Este textóide é simultâneo a TX1, porém bastante menos desenvolvido, o que indica que a procura de comida é a intenção primária e a procura de abrigo a intenção secundária da Salta-Pocinhas.

TX3 *textóide transformativo* com a Salta-Pocinhas como personagem principal; vingança
C   SP) feder) teixugo/dizer/a SP)
S1   SP) ofendida)
I   SP) vingar-se) SP/querer)
T1   SP) negacear) teixugo)
T2   SP) rolar-se) na cama do teixugo)
A   (involuntária)
    teixugo) ir) ao lobo) (= teixugo) deixar) toca))
S2   SP) alegre)

Este textóide, contido no segundo capítulo da primeira parte, prepara o textóide TX4.

TX4 *textóide transformativo* com o teixugo como personagem principal; vingança
C   cf. T1 de TX3
S1   teixugo) furioso)
I   teixugo) vingar-se) teixugo/querer)
T1   SP) incomodar) teixugo) teixugo/queixar-se/ao lobo)
T2   SP) acercar-se) da casa do teixugo) lobo/impedir) teixugo/pedir/ao lobo)

    A   teixugo) levar SP) para lobo) lobo/encarregar/teixugo)
    S2   = ∅
    S3   teixugo) morto)

Este textóide, contido no capítulo II e no começo do III, prepara o textóide TX6. Contrasta com TX1, TX2 e TX3 no sentido de que, enquanto que a Salta-Pocinhas, embora às vezes com grande trabalho, consegue o que quer, o teixugo, que apesar de certo rompante se comporta correctamente, acaba tragicamente. A proposição T2 está informada por uma tentativa de textóide compensatório com ameaça: «venho pedir a Sua Mercê o vizo-rei que proíba à Salta-Pocinhas e a qualquer outro indivíduo da mesma família de se acercar da minha casa... Quando não... terei de mudar de residência» (36).

    TX5   *textóide transformativo* com o lobo como personagem principal; procura de saúde
    S1   lobo) doente dos queixos)
    I   lobo) fino) lobo/querer)
    T1   cirurgião) vir) lobo/querer)
    T2   teixugo) procurar) urso) lobo/encarregar/teixugo)
    T3   remédio) bom) SP/dizer/ao lobo) lobo/pedir a SP)
    T4   lobo) esfolar) teixugo)
    A1   teixugo) procurar) urso)
    A̅2   lobo) aplicar pele de teixugo recém-esfolado) SP/aconselhar/ao lobo)
    A̅3   teixugo) ficar) em certo lugar) SP/indicar/ao lobo)
    S3   lobo) enganado)

Este textóide, que ocupa o capítulo II e o começo do III, contrasta como TX4 no seu mau resultado com TX1/TX2/TX3 e põe em relevo a estupidez do lobo. Permite além disso a realização de TX6 e vai provocar TX7. As proposições T2 e A1 são partes de um esboço de *textóide compensatório*:

    TX5c P1   lobo) dar de cabra/carneiro) a urso) todos os dias)lobo/propor/ao
                teixugo) lobo) dar viscondado) ao teixugo) lobo/propor/ao teixugo)
          P2   urso) curar) lobo) lobo/exigir/do urso)
                teixugo) procurar) urso) lobo/encarregar/teixugo)
          P3/4 teixugo/aceitar propostas do lobo
          P5   —
          P6   teixugo) procurar) urso)
    TX6   *textóide transformativo* com Salta-Pocinhas como personagem principal; vingança

C	SP) incomodar) teixugo) teixugo/queixar-se/ao lobo) Sp/saber
S1	SP) raivosa) contra teixugo
I	SP) erguer cadafalso) ao teixugo) SP/querer)
T1	SP) servir) lobo) SP/oferecer/ao lobo)
T2	cf. $\overline{A2}$ de TX5
T3	cf. $\overline{A3}$ de TX5
A	cf. T4 de TX5
D	lobo) arrancar pele) a SP) lobo/ameaçar/SP

Este textóide, que enche o capítulo II, complementa no seu bom resultado os textóides TX1/TX2/TX3; é aliás ele que permite chegar à S2 de TX1 e TX2.

Resumindo até aqui os resultados alcançados podemos verificar que:

— TX1 é o textóide mais desenvolvido, portanto o principal dos primeiros seis;
— TX2 é complementar/sinonímico de TX1 (TX1 $\cong$ TX2))
— TX3 está em função de TX4 (TX3 f TX4);
— TX4 prepara, i.é está em função de TX6 (TX4 f TX6);
— TX5 permite a realização, i.é está em função de TX6 (TX5 f TX6);
— TX6 possibilita o bom resultado, i.é está em função de TX1/TX2 (TX6 f (TX1/TX2)).

Formularmente:

$$(((TX3 \, f \, TX4), TX5) \, f \, TX6) \, f \, (TX \cong TX2)$$

Podemos chamar *secundários* aos textóides que estão em função de outros, sendo estes então *primários*. A primariedade de TX1/TX2 aponta para a maior importância da narração da procura de sustento com respeito à procura de vinganças, embora também este motivo volte a aparecer ao longo da obra. A comparação das diversas S2/S3 entre si faz contrastar o bom êxito da insistência e da manha da raposa com o mau êxito da 'rópia' do teixugo e da estupidez do lobo.

TX7	*textóide transformativo* com o lobo como personagem principal; vingança
C	cf. S3 de TX5
S1	lobo) ofendido)
I	lobo) castigar) SP) lobo/querer)

51

T   bichos) fazer guerra) a SP) lobo/deitar bando)
A   SP) morrer) bichos/desejar)
D   bichos) pôr-se de acordo) 0%)
S2   = ∅

Este textóide repete a frustração do lobo (cf. TX5) e causa TX9. No texto aparece no capítulo III enquadrado entre as expressões «*deitando bando*» (43) e «arraial *debandou*» (48), aliteração que não só marca as fronteiras deste textóide, mas também põe em relevo o seu malogro. A proposição T está informada pela tentativa de um textóide compensatório: «determinamos que lhe seja movida guerra em todo o território do nosso mando, havendo nós por bem recompensar com um carneiro de arroba, dois chibatos, ou vitelo a desmamar, e ainda carta de moço-fidalgo, aquele ou aqueles dos nossos vassalos que nos apresentem morta ou viva a sobredita malvada» (46).

TX8   *sucessão atextóidica;* tranquilidade da Salta-Pocinhas
P1   SP) acordar)
P2   lobo) condenar à morte) SP) mãe/comunicar/a SP)
P3   mãe/SP) informar-se do bando)
P4   mãe) ir-se embora)
P5   SP) tranquila) debaixo de uma árvore)
P6   SP) voltar) para toca)
P7   SP) viver vida de caça)

Esta sucessão atextóidica é simultânea ao textóide transformativo TX7. A diferença estrutural faz ressaltar a diferença de estado de ânimo das personagens principais: aqui o lobo furioso, ali a raposeta tranquila.

TX9   *textóide transformativo* com o lobo como personagem principal; vingança
C   cf. C de TX7
S1   lobo) odiar) SP)
I   lobo) vingar-se) lobo/querer)
T1   lobo) postar-se de sentinela) a uma fonte)
T2   bichos) ter visto SP) lobo/perguntar/aos bichos)
A1   (passiva; involuntária)
       grande estiagem
A2   bichos) alimentar) lobo) à fonte)
D   SP) disfarçar-se de bicho-palheiro)
S3   lobo) logrado)

Este textóide, que ocupa a segunda parte do capítulo III, reitera a frustração o lobo (cf. TX5 e TX7) e evidencia melhor a sua burrice (ao despedir-se dele a Salta-Pocinhas chega a gritar para ele: «— Vossa Mercê é vizo-rei: pela força, pela bruteza, pela estupidez! Mas vizo-rei dos asnos, ó sendeiríssimo senhor!» (56). Causa TX11.

TX10 *textóide transformativo* com a Salta-Pocinhas como personagem principal; procura de bebida

C cf. A1 de TX9
S1 SP) com sede)
I SP) beber água) SP/querer)
T cf. D de TX9
A bicho-palheiro) beber) lobo/dar licença/a bicho palheiro)
D cf. T1 de TX9
S2 bicho-palheiro) beber) todos os dias)

Este textóide, que é uma variação de TX1, é simultâneo com TX9, contrastando porém com ele pelo bom êxito. Desta maneira sublinha-se a astúcia da raposa e a burrice do lobo.

TX11 *textóide transformativo* com o lobo como personagem principal; vingança

C SP) ultrajar) lobo)
S1 lobo) odiar) SP)
I lobo) vingar-se) lobo/querer)
T1 lobo) postar-se de atalaia) à nascente da fonte)
T2 bichos) tomar banho) lobo/obrigar/bichos)
A (passiva, involuntária)
  dura estiagem
D SP) disfarçar-se de lagarta das couves)
S3 lobo) desesperado)

TX12 *textóide transformativo* com a Salta-Pocinhas como personagem principal; procura de bebida

C cf. A de TX11
S1 SP) com sede)
ISP) beber água) SP/querer)
T cf. D de TX11
A lagarta das couves) beber) lobo/dar licença/a lagarta das couves)
D lagarta das couves) mergulhar) lobo/mandar/lagarta das couves)
S2 lagarta das couves) fartar-se) todos os dias)

TX11 e TX12, que preenchem simultaneamente a primeira parte do capítulo IV, constituem uma variação de TX9 e TX10 e fazem do vizo-rei. Esta vez a raposa despede-se, à chegada do inverno, do lobo dizendo-lhe: «— A raposa cheira mal?! Mais mal cheiras tu, teu pai, tua mãe e a imbecilidade que bebeste no leite, de geração em geração!» (62). Constituindo uma variação de TX9 e TX10, os textóides TX11 e TX12 podem considerar-se como em função dos primeiros. O textóide TX11 causa TX13.

TX13 *sucessão atextóidica;* personagem temática: o lobo; vingança

P1   lobo) ter falecido) x/dar notícia)
P2   cortesãos) acorrer)
P3   lobo) estendido) à entrada do palácio)
P4   bichos) alegres)
P5   bichos) humilhar 'cadáver')
P6   bichos) proclamar a república)
P7   lobo) morto) gineto/comunicar/a SP)
P8   SP) desconfiar)
P9   SP) ir ver) lobo)
P10 lobo) morto) bichos/dizer)
P11 avô da raposa) esbombardear 3 vezes) quando faleceu) SP/dizer)
P12 lobo) esbombardear 3 vezes)
P13 lobo) erguer-se)
P14 bichos) fugir)
P15 lobo) maldizer) SP)

Esta sucessão atextóidica, que preenche a segunda parte do capítulo V, textualiza a última tentativa do lobo de se vingar da Salta-Pocinhas. Também esta vez o lobo, pela sua estupidez, não consegue apanhar a raposa. A sucessão atextóidica constrasta com os textóides transformativos de vingança precedentes e simboliza o desmoronamento do poder e reinado do vizo-rei: não só não consegue vingar-se da Salta-Pocinhas, mas os bichos proclamam a república.

Resumindo até aqui a estrutura textóidica do *Romance da Raposa* podemos verificar que, se nos primeiros dois capítulos predominava a narração que descrevia a Salta-Pocinhas à procura de comida e abrigo, nos capítulos III e IV é o lobo quem aparece como personagem mais focada nas suas tentativas de se vingar da raposa. O facto de alguém querer vingar-se estava todavia já anunciado nos primeiros dois capítulos (cf. TX3, TX4, TX6); por outro lado continua nos capítulos III e IV, embora em segundo plano, o motivo da procura de sustento (cf. TX10 e TX12). Os textóides TX7, TX9, TX11 e a sucessão TX13 formam uma fuga (cf. 4.2.): como a mesma intenção não chega nunca a realizar-se repetem-se as tentativas para tal. Abstraindo das variações poderíamos concentrar estes textóides num textóide único mais abstracto (= *arquitextóide* = ATX):

```
ATX  S1   lobo) ofendido)
     I    lobo) vingar-se) contra SP) lobo/querer)
     T    lobo) tratar de apanhar) SP)
     S2   = ∅
     S3   lobo) desesperado)
```

Formularmente: $ATX2 = (TX7 \to TX9 \to TX11 \to \overline{TX13})$

Mas também TX1, $\overline{TX8}$, TX10 e TX12 podem, se abstrairmos das variações, concentrar-se num único textóide mais abstracto:

```
ATX1  S1   SP) com alimento) 0%)
      I    SP) fartar-se) SP/querer)
      T    SP) utilizar vários ardis)
      S2   SP) farta)
```

Neste caso, porém, os textóides não são causa um do outro, mas sim repetem-se sinonimicamente *(paralelização sinonímica)*. Formularmente:

$ATX1 = (TX1 \cong \overline{TX8} \cong TX10 \cong TX11)$

Repare-se ainda que os textóides simultâneos TX9 e TX10 não podem acabar ambos com êxito, quer dizer que se excluem; o mesmo vale para TX11 e TX12. Temos assim: (TX9 V TX10) e (TX11 V TX12). Note-se enfim que, enquanto que nos primeiros dois capítulos a 'rópia' do teixugo e a estupidez do lobo põem em relevo a sagacidade da Salta-Pocinhas, nos caspítulos III e IV é a sagacidade da raposa que faz ressaltar a burrice do lobo.

TX14 *textóide transformativo* com a Salta-Pocinhas como personagem principal; procura de comida

```
I   SP) comer figos lampos) SP/querer)
T1  pastos) estar em certo lugar) SP/ensinar/ao cavalo) SP/propor/ao cavalo)
T2  SP) entrar) no campo)
T3  SP) abrigar-se com vulto do cavalo)
```

> T4   SP) subir à figueira)
> A   SP) ensinar) cavalo) cavalo/aceitar)
> D   ceifeiros) ver SP) SP/ter medo)
> S2   SP) fartar-se de figos lampos)

Este textóide constitui uma variação de TX1/TX10/TX12 e aponta para a grande fantasia da Salta-Pocinhas em descobrir ardis.

> TX15   *textóide transformativo* com o cavalo como personagem principal; procura de comida
>
> C   X) deitar sela) ao cavalo) X/querer)→ cavalo) fugir)
> S1   cavalo) ter comido pouquíssimo)
> I   cavalo) pastar ervas) cavalo/querer)
> T1   cf. A de TX14
> T2   cavalo) entrar) no campo)
> A   cf. T1 de TX14
> S2   cavalo) encher o fole)

Este textóide constitui uma variação de TX14. Não se trata todavia de uma pura paralelização sinonímica porque aqui variam também os sujeitos, como nas comparações; poderíamos falar portanto numa *paralização comparativa*. Formularmente:
ATX3 = (TX14 ∧ TX15)

Este arquitextóide preenche a primeira parte do capítulo V. TX15 é porém secundário com respeito a TX14: neste a Salta-Pocinhas aproveita-se do cavalo, enquanto que naquele o cavalo nada faria sem a esperteza da raposa.

> $\overline{TX16}$ *sucessão atextóidica;* personagens temáticas: a Salta-Pocinhas e o cavalo; andanças
>
> P1   SP/cavalo) ir-se embora)
> P2   SP) filar) cotovia/perdiz)
> P3   SP/cavalo) chegar) a uma mata) de noite)
> P4   cavalo) com medo)
> P5   SP) levar) cavalo) a um corgo)
> P6   cavalo) matar a sede)
> P7   cavalo) ter fugido) cavalo/arrepender-se)
> P8   SP) levar) cavalo) para baixo de uma carvalha)
> P9   SP) ecarrapitar-se) num galho)

Esta sucessão atextóidica, estruturalmente já anunciada por TX8, contraposta aos textóides transformativos de procura de comida e de vingança, sublinha o facto de que a vida corre bem à Salta-Pocinhas.

As redundâncias confirmam esta interpretação: a raposa já não precisa de comer todos os bichos que poderia apanhar: «Tocaram a andar e, andando, devido à confiança que o cavalo inspirava pelos caminhos de Cristo, a raposa pôde filar uma cotovia, que do céu descia, e uma perdiz cantatriz. Mas lá porque estivesse farta, de braços cruzados, palonça, deixou partir um musaranho que se lhe viera meter nas pernas, responsando o imprudente: — Vai, vai, desta vez estás perdoado!» (69). O medo do cavalo faz ressaltar a segurança da Salta-Pocinhas.

TX17   *sucessão atextóidica,* continuação de TX16; a separação entre duas sucessões é motivada pela entrada em cena de uma terceira personagem, o lobo; dança e combate

P1   lobo) dançar) num baile) 0%)
P2   loba) censurar) lobo)
P3   loba) afastar-se)
P4   lobo) resmungar)
P5   lobo) correr) por bosque)
P6   lobo) estar quase a saltar) sobre cavalo)
P7   SP) cumprimentar) lobo)
P8   lobo) cumprimentar) SP)
P9   cavalo) ensinar a dançar) ao lobo) SP/propor/ao lobo)
P10 cavalo) ensinar a dançar) ao lobo) lobo/aceitar)
P11 SP/cavalo/lobo) procurar lugar próprio)
P12 cavalo) com medo)
P13 lobo) determinar lugar)
P14 SP) ligar rabo do cavalo) ao pescoço do lobo)
P15 cavalo) pegar coices) no lobo) SP/convidar/cavalo)
P16 cavalo) maltratar) lobo)
P17 SP) soltar gargalhadas)
P18 rabo do cavalo) partir)
P19 lobo) solto)
P20 companheiros) acorrer) **lobo/chamar)**
P21 companheiros) acorrer) **cavalo/chamar)**
P22 lobos) perseguir) **cavalo)**
P23 cavalos) acorrer)
P24 cavalo) informar) companheiros)
P25 cavalos) fugir)
P26 lobos) atacar) cavalos)
P27 cavalos) maltratar) lobos)
P28 SP) soltar risadinha)
P29 SP) partir) para arribanas)

57

Como $\overline{TX17}$, também esta sucessão atextóidica simboliza a vida tranquila e o gozo (cf. P17 e P28) da Salta-Pocinhas. O teor do movimento aumenta progressivamente: à dança malograda (P1/P2) sucedem umas andanças (P5, P11), a estas um estranho pas-de-deux (P14/P15/P16, P18/P19) e a este último, um combate generalizado (P20 até P27). Os lobos ficam logrados. Artífice desta 'dança' é mais uma vez a Salta-Pocinhas, seu instrumento são os cavalos: mais uma vez fica ressaltada a astúcia trocista da raposa. Estas duas sucessões atextóidicas preenchem a segunda parte do capítulo V e a primeira do VI.

> TX18c   *textóide compensatório* entre a Salta-Pocinhas e o maioral; procura de comida
> P1   SP) servir) maioral) SP/propor/ao maioral)
> P2   maioral) dar boa paga) a SP) SP/propor/ao maioral)

Embora verbalmente o maioral não aceite a proposta (cf.: «— Escuta: se te prestar um bom serviço, que paga me dás? — Dou-te um tiro na primeira ocasião que te encontre» (83)), na prática o contrato acaba por realizar-se:

> P5   muitos cavalos) faltar) SP/avisar/maioral
> P3/4 SP) informar) maioral) maioral/pedir/a SP)
> P5   cavalos) estar) na mata) SP/avisar/maioral
> P6   maioral/cães/pastores) abalar) → SP) apanhar) pato mais gordo)

Este textóide, que fecha a primeira parte da obra, mostra-se mais um ardil da Salta-Pocinhas.

Note-se que nos capítulos I-IV predominavam os textóides transformativos. A sua presença coincidia com as dificuldades da raposa em procurar comida e com o reinado cruel do lobo. Nos capítulos V-VI predominam as sucessões atextóidicas. Coincidem com o auge do poder da raposa, que domina os cavalos, os lobos, os pastores. A primeira parte abre e fecha com a procura de comida, a primeira vez textualizada com um textóide transformativo (TX1), a última um contrato (TX18c). O perigo de um texto monótono pela contínua repetição do mesmo motivo é evitado graças à inserção de outros 'motivos' (cf. TX3, TX4, TX5, etc.). Observe-se ainda que até agora a Salta-Pocinhas conseguiu sempre sustento, e sempre através de diferentes ardis que demonstram ao mesmo tempo a pouca esperteza dos outros bichos.

Segunda parte

    TX19   *sucessão atextóidica*; personagem temática: a Salta-pocinhas
    P1   SP/raposo/cachorros) viver fartos)
    P2   raposo) preso)
    P3   SP) fugir)
    P4   SP) enviuvar)
    P5   SP) sair) SP/ter medo)

Esta sucessão atextóidica que abre a segunda parte da obra, por um lado liga-a estruturalmente à primeira remetendo para as sucessões precedentes, por outro lado anuncia semanticamente que a Salta-Pocinhas já passou o seu auge e que vão começar em breve as dificuldades da velhice.

    TX20   *textóide transformativo* com os cachorros como personagem principal; procura de comida
    C   c.f. P5 de TX19
    S1   cachorros) com fome)
    I   cachorros) comer) cachorros/querer)
    T   SP) sair à caça) cachorros/instigar/SP)
    A1   SP) sair à caça)
    A2   SP) apanhar) uma fraca)
    D1   SP) comer um grilo) para si
    D2   SP) comer um láparo) para si)
    D3   Mondego) dar caça) a SP)
    †S2   cachorros) comer)

    TX21   *textóide sucessivo* com a Salta-Pocinhas como protagonista; procura de comida
    P1   SP) com fome)
    P2   SP) ir à caça)
    P3   SP) caçar) um grilo)
    P4   SP) caçar um láparo)
    P5   SP) encontrar) rebanho)
    P6   SP) filar) ovelha) SP/querer)
    P7   cão Mondego) dar caça) a SP)
    P8   SP) retirar-se)
    P9   SP) atacar) pátio onde morreu o marido)
    P10   SP) apanhar) uma fraca)
    P11   SP) fugir com presa)

TX20 e TX21, que preenchem a maior parte do primeiro capítulo da segunda parte, entroncam com o começo da obra retomando mais uma vez o motivo da procura de comida (cf. TX1), mas amplificado:

agora a Salta-Pocinhas tem que resolver o problema da fome não só para ela, mas também para os três filhos, aliás numa situação mais difícil, que contrasta com a fartura precedente (cf. TX19), com o tempo em que, «sabendo o caminho das aldeias, uns dias por outros punham um poleiro a saque» (88). O textóide TX21 parece mais importante que TX20: é mais comprido, contém um crescendo de quatro momentos de caça (um grilo, um láparo, uma tentativa malograda de apanhar uma ovelha, uma fraca mesmo numa aldeia), certa expectativa criada pelo malogro do terceiro momento de caça e pelo «plano temerário» (98) do quarto momento (constituindo este além disso uma espécie de vingança porque a Salta-Pocinhas vai atacar o pátio «em que o esposo deixara o cadáver» (99)). A sucessividade de TX21 acentua as andanças difíceis da raposa; a transformatividade de TX20 parece servir para se não confundir as actuações das diferentes personagens. Funcionalmente podemos dizer que: (TX19, TX20) f TX21.

TX22 *textóide transformativo* com a Salta-Pocinhas como personagem principal integrado por um textóide compensatório entre a Salta-Pocinhas e o bufo (TX22c); procura de liberdade
C   bicho-homem) emparedar) SP/filhos)
       bicho-homem) armar ratoeira)
S1   SP/filhos) presos)
I   SP) sair) SP/querer)
T1   SP) reconhecer terreno)
T2   SP) escavar lura de rato)
T3   bufo) vir) SP/chamar/bufo)
T4   SP) estar a morrer) SP/mentir/ao bufo)
T5   gato bravo = escrivão) vir) bufo/chamar/gato bravo) SP2/pedir/ao bufo)
T6   SP) dar coelhos) ao bufo) SP/prometer/ao bufo)
T7   SP) poder sair) 0%) SP/declarar/ao gato bravo)
T8   SP/filhos) abandonar) cova)
A1   (involuntária)
      bufo) chegar) ao pé da porta da SP)
A2   bufo) procurar) gato bravo)
A3   gato bravo) acudir)
A4   (involuntária)
      gato bravo) cair) na armadilha)
D1   homem) passar revista) ao terreno)
D2   bufo) desconfiado)
D3   SP) dar coelho) ao bufo) bufo/pedir/a SP)
D4   SP) sair) da cova) gato bravo/pedir/a SP)

S2 «e a dança e a música dos insectos levou-a ao agradável sentimento de que readquirira a liberdade» (113)

TX22c *textóide compensatório* integrado em TX22
P1 bufo) procurar) gato bravo) bufo/dizer/a SP)
P2 cf. D3 de TX22
P3 cf. T5 de TX22
P4 SP) dar 2 coelhos) ao bufo) SP/prometer/ao bufo)
P5 cf. A2 de TX22

Como o contrato é um engano P6 não se realiza e «O bufo desarvorou» (112).

TX23 *textóide transformativo* com a Salta-Pocinhas como personagem principal; procura de comida

C   cf. S1 de TX22
S1 SP/filhos) com fome negra)
I   «era preciso ganhar a vida» (113)
T1 SP) caçar um lagarto) para os filhos)
T2 SP) caçar uma noitibó) para os filhos)
T3 SP) apanhar uma lebre) SP/tratar de)
T4 SP) morta) no caminho) SP/fingir)
T5 SP) abalar com o melhor borrego)
A1 (involuntária)
    cabreiros) bêbedos)
A2 cabreiros) pôr SP) numa bolsa dos alforges)
D   lebre) fugir)
S2 SP) comer fígados) aos cordeiros)
    raposinhos) comer carne deliciosa)
    SP) dormir um sono regalado)

TX22, TX22c e TX23 preenchem o capítulo III. Trata-se do capítulo mais comprido do romance. Este facto, conjugado com a apresentação da situação mais difícil em que a Salta-Pocinhas se encontrou até agora, aponta para ele como a acmé da narração. A dificuldade da raposa cativa é aliás sublinhada pelo contraste com os outros bichos que, livres, lá fora cantam de contentes (cf. p. 101-102 e 5.2 (a, b)). Que a Salta-Pocinhas supere também esta dificuldade só evidencia ainda mais a sua insuperável astúcia. O uso de um contrato, mas esta vez fingido, para atingir a sua meta, já estava enunciado pelo textóide TX18. O textóide TX23 constitui uma variação de TX20/TX21 do primeiro capítulo, com as seguintes equivalências e contrastes:

TX21	TX23
sucessivo	transformativo
caçar um grilo com êxito	caçar um lagarto com êxito
caçar um láparo com êxito	caçar uma noitibó com êxito
caçar uma ovelha sem êxito	caçar uma lebre sem êxito
caqr uma fraca com êxito	caçar um borrego com êxito
a SP pensa primeiro em si	a SP pensa primeiro nos filhos
sem manha («plano temerário»)	com manha (finge-se morta)

O ardil de se fingir morto já foi empregado pelo lobo em $\overline{TX}13$, porém, em contraposição à Salta-Pocinhas, sem êxito, o que faz ressaltar mais uma vez a astúcia da raposa e a burrice do lobo. Como sem liberdade a raposa não pode procurar o seu alimento vital, podemos considerar a procura de liberdade informada por TX22 como em função de TX23.

TX24   *textóide sucessivo* com Salta-Pocinhas como protagonista; procura de comida

   P1   SP) caduca)
   P2   SP) caçar) grilos/ralos/rãs)
   P3   SP) comer maçarocas)
   P4   SP) saudar) espantalhos)
   P5   SP) com fome)
   P6   SP) bulir) muitos dias) 0%)
   P7   SP) vida com raposão) SP/recordar)
   P8   SP) alimentar-se de carcaças)
   P9   animais) dar comida) a SP) SP/pedir/a animais)
   P10 SP/outras raposas) banquetear) às vezes)

TX25c   *textóide compensatório* com a Salta-Pocinhas e as outras raposas como contratantes; procura de saúde e de comida

   P1 ⇆ P2   raposas) consultar) SP)
            raposas) dar comida) a SP

TX26 e TX26c   *textóide transformativo* com os bichos como personagem principal, integrado por um *textóide compensatório* com os bichos e a Salta-Pocinhas como contratantes; procura de saúde e de comida

   C   pulgas) atacar) bichos dos bosques)
   S1   bichos) desesperados)
   †I   bichos) libertar-se do flagelo) bichos/querer)

T1   bichos) ir ter) com SP)
A   bichos) mergulhar com pedaço de musgo) na ribeira) SP/receitar/aos bichos)
D   bichos) dar comida) a SP) SP/pedir/aos bichos)
T2   bichos) dar comida) a SP)
T3   bichos) mergulhar com pedaço de musgo) na ribeira)
S2   bichos) com pulgas) 0%)

Os textóides TX24, TX25, TX26 e TX26c estruturam o capítulo III e mostram como a raposa, apesar da sua caducidade, consegue «abastecer a despensa» (128). O textóide sucessivo TX24 (cuja sucessividade poderia simbolizar a aparente caducidade da raposa) abre o capítulo focando a precariedade da situação da Salta-Pocinhas. Mesmo assim já contém um sinal de que a raposa continua superior aos seus inimigos: o facto de ela saudar os espantalhos equivale a fazer troça dos esforços do homem para a afugentar. O breve textóide compensatório TX25c informa-nos de que as mais raposas, embora não tivessem amor à Salta-Pocinhas (p. 125), precisavam da experiência dela, e anuncia desta maneira os textóides TX26 e TX26c. Estes fazem ressaltar como todos os bichos dos bosques ainda precisam em última análise da ajuda da Salta-Pocinhas. Por outro lado, é graças a esta necessidade que a Salta-Pocinhas pode impor-lhes um contrato (T1 de TX26 = P1/P2 de TX26c, D = P3/P4, T2 = P5, A = P6), com o qual, do estado de fome apontado no começo do capítulo, passa a um estado de abundância no fim do mesmo. Funcionalmente podemos dizer que: (TX24, TX25c) f TX26/Tx26c.

TX27c   *textóide compensatório* com a Salta-Pocinhas e o lobo como contratantes; procura de comida

Pa   SP) com fome)
P1/P2   lobo) aliar-se) com SP) SP/propor/ao lobo)
P3/P4   lobo) aliar-se) com SP) lobo/aceitar)
P5   SP) conceber planos)
P6   lobo) executar planos)
Pb,c   SP/lobo) com comida)

TX28/TX29   *textóide transformativo* (TX28) com a Salta-Pocinhas como personagem principal, integrado por um *textóide fábula* (TX29) com a Salta-Pocinhas e o lobo como personagens exemplificativas

C/S1 lobo) ofender) SP)
 «— Pois não se metesse em cavalarias altas. Asno fui eu (= o lobo) em esquecer que você (= Salta-Pocinhas) tem alma para atacar galinhas, e basta!» (134)
I = hipótese da fábula
 «— Senhor compadre, senhor compadre (= o lobo), muito mais faz quem quer do que quem pode» (134)
 (quem quer = P1 da fábula, mais faz = P2, do quem pode = P3, †faz = para a estrutura da hipótese de um fábula cf. 4.2.)
T = exemplificação positiva
T1 lua) ser queijo) num charco) SP/convencer/lobo)
T2 lobo) beber água) do charco) SP/convencer/lobo)
T3 SP) atrair mateiros) para o lobo)
T4 SP) comer almoço dos mateiros)
T5 SP) esgueirar-se)
A = exemplificação negativa
A1 lobo) beber água) do charco)
A2 lobo) estatelado)
A3 mateiros) maltratar) lobo) = lobo) comer) 0%)
S2 SP) satisfeita

TX30 *textóide transformativo* com a Salta-Pocinhas como personagem principal; procura de transporte

S1 SP) com barriga pesada)
I SP) arranjar cavalgadura) SP/querer)
T1 SP) procurar) lobo)
T2 mateiros) ter maltratado) SP) SP/fingir/ao lobo)
T3 SP/lobo) ir-se embora) SP/convencer/lobo)
T4 lobo) levar às costas) SP) SP/pedir/ao lobo)
T5 lobo) com suspeitas) 0%) SP/fazer com que)
A lobo) carregar ao lombo) SP)
D lobo) cheio de suspeitas)
S2 SP) ir às cavaleiras do lobo)

Os textóides TX27, TX28/29 e TX30 preenchem o capítulo IV e retomam motivos da primeira parte. TX27 recorda TX5, mas esta vez é a raposa quem toma a iniciativa. TX27 com as duas proposições soltas que o enquadram e TX28/29 retomam o problema básico da Salta-Pocinhas: a procura de sustento. Mas fundamentalmente todos os quatro textóides variam, em estruturas compensatórias, transformativas e de fábula, a descrição em forma de narrativa da manha da Salta-Pocinhas e da burrice do lobo. Temos assim neste capítulo o auge da troça da raposa contra o lobo: se na primeira parte da obra as troças se realizavam frustrando a Salta-Pocinhas as vinganças do lobo sem se atrever a acercar-se-lhe, agora é a Salta-Pocinhas quem figura como personagem principal dos textóides e até chega a cavalgar o lobo. Mas há ainda outro contraste com a primeira parte: enquanto que o lobo não consegue vingar-se das ofensas da Salta-Pocinhas (cf. TX7, TX9, TX11 e TX13), esta, ofendida pelo lobo, consegue dar-lhe uma boa lição e assim vingar-se dele. Se a intenção fundamental da Salta-Pocinhas é dar lição ao lobo (cf.: «Satisfeita por ter dado uma lição a Brutamontes» (140), podem considerar-se os textóides TX27, TX28 e TX30 como em função de TX29.

TX31 *textóide transformativo* com a Salta-Pocinhas como personagem principal; procura de sustento

C   lobo) desconfiado)
       lobo) aliado) com SP) 0%) lobo/querer)
S1   SP) mendigar)
I   SP) livrar-se) do atoleiro) SP/querer)
T1 SP) dar aulas de caça) aos raposinhos) SP/propor)
T2 SP) dar aulas)
A1 raposas) arranjar escola)
A2 raposas) dar tença) a SP)
D1 raposinhos) fazer chinfrineiras)
D2 caçadores) atacar) escola)
D3 raposas) desprezar) SP)
S2p SP) comer)
S3 SP) abandonada)

TX32 *sucessão atextóidica* com a Salta-Pocinhas e um raposo como personagens temáticas; procura de comida

P1   SP) procurar carcaças) nas abas das aldeias)
P2   mendigos) pedir esmola) SP/ver)
P3   SP) disfarçar-se de mendiga)
P4   velhota) dar esmola) a SP) SP/pedir/a velhota)
P5   velhota) dar esmola) a SP)
P6   SP) ter pata felpuda com garras) velhota/ver)
P7   gente) acorrer) velhota/chamar
P8   SP) fugir)
P9   raposo) preparar galinhola) SP/ver)
P10 SP) aproximar-se) do raposo)
P11 SP) aproximar-se) raposo/ver)
P12 raposo) fugir)
P13 SP) comer galinhola)

P14   raposo) ter motivo de fugir) SP/perguntar-se)
P15   raposo) ter motivo de fugir) SP/compreender)
P16   SP) contente)

TX31 e $\overline{TX}32$ mostram-nos mais uma vez a Salta-Pocinhas em dificuldade de encontrar o sustento vital. Em TX31 só aparentemente consegue resolver o problema com êxito. Com $\overline{TX}32$ alcança-se para Salta-Pocinhas o ponto mais crítico: já sem força, parece que agora nem a suas manhas permitem superar as dificuldades, facto que poderia estar simbolizado pela sucessão atextóidica que se contrapõe às estruturas textóidicas precedente e seguinte. TX31 e $\overline{TX}32$ preparam por contraste o desenlace feliz das aventuras da Salta-Pocinhas. Podemos portanto dizer que: (TX31, $\overline{TX}32$) f (TX33, TX34, TX34c).

TX33   *textóide transformativo* não intencional com a Salta-Pocinhas como personagem principal; procura de comida
S1   SP) com fome)
T1   bichos) dar comida) a SP) SP/pedir/aos bichos)
T2   SP) disfarçar-se de papão)
T3   SP) aparecer) aos bichos)
D   bichos) dar comida) a SP) 0%)
A   (involuntária)
     bichos) fugir)
S2   SP) levar comida dos bichos) para a sua toca)

Este textóide, que abre o último capítulo e contrasta com TX31 e sobretudo com $\overline{TX}32$, mostra-nos a Salta-Pocinhas no auge do seu poder, apesar da sua velhice: soma a manha dos bichos silvestres com o engenho do homem (disfarça-se de mendiga/papão), dominando assim todos os outros animais. Este textóide retoma portanto $\overline{TX}17$, TX25c, TX26/26c, TX28/29, TX30, encontrando-se estes em função daquele: ($\overline{TX}17$, TX25c, TX26/26c, TX28/29, TX30) f TX33. Por sua vez, TX33 prepara TX34/34c: TX33 f TX34/34c.

TX34/34c   *textóide transformativo* com a Salta-Pocinhas como personagem principal, integrado por um *textóide compensatório* com a Salta-Pocinhas e os bichos silvestres como contratantes; procura de comida

S1   bichos) descobrir ardil) SP/recear)
I   bichos) dar pensão) a SP) SP/querer)
A1   bichos) combater) aventesma) bichos/querer)
T1   bichos) tratar mal) SP) $\rightarrow$ monstro) castigar) bichos) SP/declarar/aos bichos)

```
T2  = P1    SP) livrar) bichos) do monstro) SP/propor/aos bichos)
      P2    bichos) dar parte das presas) a SP) SP/propor/aos bichos
A   = P3    SP) livrar) bichos) do monstro) bichos/aceitar)
      P4    bichos) dar parte das presas) a SP) bichos/aceitar)
D           uma gineta) desconfiança
T3  = P5    SP) fazer um boneco dos farrapos)
            SP) deitar) boneco) no rio)
A2  = P6    bichos) agradecer) a SP)
S2          SP) viver farta) ainda anos)
```

Este textóide, que fecha o capítulo VI, a segunda parte e toda a obra, mostra-nos uma última vez como Salta-Pocinhas, combinando as suas intenções (por isso um textóide transformativo) com a sua manha (por isso um textóide compensatório) consegue, apesar da sua velhice, assegurar o sustento vital, e esta vez sem mais preocupações e para sempre. Os outros bichos «levaram a velha comadre em triunfo» (166). A partir de então a raposa «viveu ainda anos, farta, mimosa como rainha-mãe» (166): ao reinado brutal do lobo sucedeu o reinado inteligente da raposa.

De forma resumida, a estrutura textóidica do *Romance da Raposa* apresenta-se portanto como segue (p = primário, s = secundário):

número do tipo textóide		p/s	motivo	protagonistas
TX1	transformativo	p	procura de comida	SP
TX2	transformativo	p	procura de abrigo	SP
TX3	transformativo	s	vingança	SP
TX4	trnasformativo	s	vingança	teixugo
TX5	transformativo	s	procura de saúde	lobo
TX5c	compensatório	s	procura de saúde	lobo/teixugo
TX6	transformativo	s	vingança	SP
TX7	transformativo	p	vingança	lobo
TX8	atextóidico	s	tranquilidade	SP
TX9	transformativo	p	vingança	lobo
TX10	transformativo	s	procura de bebida	SP
TX11	transformativo	p	vingança	lobo
TX12	transformativo	s	procura de bebida	SP
TX13	atextóidico	p	vingança	lobo

TX14	transformativo	p	procura de comida	SP
TX15	transformativo	s	procura de comida	cavalo
TX16	atextóidico	s	andanças	SP/cavalo
TX17	atextóidico	p/s	combate cavalos / lobos	SP/cavalos/lobos
TX18c	compensatório	s	procura de comida	SP/maioral
TX19	atextóidico	s	fartura/desgraça	SP
TX20	transformativo	s	procura de comida	cachorros
TX21	sucessivo	p	procura de comida	SP
TX22	transformativo	s	procura de liberdade	SP
TX22c	compensatório	s	procura de liberdade	SP/bufo
TX23	transformativo	p	procura de comida	SP
TX24	sucessivo	s	procura de comida	SP
TX25c	compensatório	s	procura de saúde procura de comida	raposas/SP
TX26	transformativo	p/s	procura de saúde	bichos
TX26c	compensatório	s	procura de saúde procura de comida	bichos/SP
TX27	compensatório	s	procura de comida	SP/lobo
TX28	transformativo	s	vingança	SP
TX29	fábula	p/s	procura de comida	SP/lobo
TX30	transformativo	s	procura de transporte	SP
TX31	transformativo	s	procura de comida	SP
TX32	atextóidico	s	procura de comida	SP
TX33	transformativo	s	procura de comida	SP
TX34	transformativo	p	procura de comida	SP
TX34c	compensatório	s	procura de comida	SP

Este esquema permite-nos verificar que:

— a estrutura básica da obra consta de 38 textóides e sucessões atextóidicas, número elevado para um romance de 153 páginas in-octavo, além disso dividido em duas partes, o que vai pôr o problema de como autor conseguiu dar coesão à obra;
— predominam claramente os textóides transformativos (22 sobre 38), facto que confere à obra um nítido carácter narrativo; além disso aparecem sete textóides compensatórios e uma fábula;
— uma boa parte dos textóides e das sucessões atextóidicas (28 sobre 38) têm função secundária; a distinção entre primário

e secundário permite agrupar os textóides e as sucessões atextóidicas em dez segmentos narrativos que em boa parte coincidem com as divisões em capítulos;
— nos motivos prevalecem a procura de sustento (19 vezes) e a vingança (8 vezes), sendo a primeira alternada pela procura de abrigo (1 vez), de saúde (5 vezes), de liberdade (1 vez) e de transporte (1 vez);
— os textóides transformativos e as sucessões atextóidicas cujo protagonista é a Salta-Pocinhas e cujo motivo é constituído pela forma de sustento podem resumir-se no seguinte arqui-textóide:

S1 SP) com fome)
I   SP) fartar-se) SP/querer)
T   SP) utilizar várias manhas)
A   vários bichos) espertos) 0%)
D   vários bichos) querer mal) a SP)
S2 SP) farta)

com ATX = (TX1 $\simeq$ TX10 $\simeq$ TX12 $\simeq$ TX14 $\simeq$ TX18 $\simeq$ TX21 $\simeq$ TX23 $\simeq$ TX24 $\simeq$ TX25c $\simeq$ TX26c $\simeq$ TX27 $\simeq$ TX29 $\simeq$ TX31 $\simeq$ TX32 $\simeq$ TX33 $\simeq$ TX34 $\simeq$ TX34c);

— uma parte dos textóides e das sucessões atextóidicas descrevem em forma narrativa a manha da Salta-Pocinhas e a burrice do lobo (cf. o nosso comentário aos textóides TX9//TX10//TX11/TX12 ou aos textóides TX27/TX28/TX29//TX30);
— as personagens que mais frequentemente aparecem como protagonistas são a Salta-Pocinhas (28 vezes) e o lobo (9 vezes).

5. AS TONIAS NOÉMICAS

5.1 Atonias e tonias noémicas e a descrição das personagens

Os noemas/semas de uma textura podem subseguir-se um ao outro sem que se possa individuar um núcleo em volta do qual agrupar tautológica ou sinonimicamente alguns deles. Neste caso podemos dizer que a textura apresenta uma estrutura *noémica atónica* ou uma *atonia noémica*.

Amiúde, porém, pode individualizar-se um noema/sema central do qual dependem sinonímica, hiponímica ou associativamente vários outros noemas/semas. Ao conjunto de um núcleo central e das suas dependências podemos chamar *campo semântico*. Nas primeiras alíneas do conto *O aviador* de Florbela Espanca, por exemplo, aparecem muitos noemas/semas relacionados com o núcleo 'movimento vibratório e/ou repetido (de velas, asas, respiração, etc.)': «No veludo glauco do *rio lateja fremente* a *carícia* ardente do Sol; as suas mãos doiradas, como afiadas garras de oiro, *amarfanham* as *ondas* pequeninas, *estorcendo*-as voluptuosamente, fazendo-as *arfar, suspirar, gemer* como um infinito *seio*. Ao alto, os *lenços* claros, desdobrados das *gaivotas, dizendo adeus* aos que andam perdidos sobre as *águas* do *mar*... Algumas *velas* no *rio,* manchazinhas de frescura no *crepitar* da fornalha. Mas nada.

Um óleo pintado a *chamas* por um pintor de génio. As tintas *flamejam* ainda húmidas: são borrões vermelhos as colinas em volta; doirado, o indistinto *turbilhão* da casaria ao longe.

A vida *estremece* apenas, *pairando* quase imóvel, numa *agitação* toda interior, condensada em si própria, estática e profunda. A vida, parada e recolhida, cria heróis nos imponderáveis *fluidos* da tarde.

Os homens, saindo de si, *borboletas* como *salamandras* que a *chama* não queimara, *abrem os braços* como *asas*... e *pairam!* Acima do óleo pintado a *chamas* por um pintor de génio *ascende*... *O quê? Outra gaivota?* O Sol debruça-se lá do alto e fica como uma criança que se esquecesse a brincar no trágico assombro do nunca visto! Outra *gaivota?*... Outra *vela?*...
Tudo em volta *flameja*...»

Neste caso podemos falar em *irradiação noémica monotónica* ou *monotonia noémica*.

Na estruturação dos comunicados existe a forte tendência, talvez condicionada antropológica (temos dois olhos, duas mãos, etc.) e cognitivamente (aprendemos melhor opondo os elementos a aprender), para constituir grupos noémicos/sémicos antonímicos, i.é pares que contêm metremas opostos ('quente/frio') ou especificáveis com probabilitemas opostos ('falar'/'calar', chuva/'sol', 'fecundo'/'estéril') ou que indicam movimentos opostos ('abrir'/fechar', 'ir'/'vir') ou que remetem para lugares/tempos separáveis por uma fronteira ('terra'/'céu, 'mundo dos vivos'/'mundo do além', hoje'/'ontem', 'juventude'/'velhice', 'verão'/'inverno'), como na seguinte poesia *Il lampo* ('O relâmpago') do poeta italiano G. Pasoli, onde as contínuas oposições noémicas/sémicas ('céu'/'terra',/ 'branco'/'preto', 'tácito'/ /'tumulto', 'abriu-se'/'fechou-se', 'apareceu'/'desapareceu') simbolizam o fenómeno do relâmpago:

«E cielo e terra si mostrò qual era:
la terra ansante, livida, in sussulto;
il cielo ingombro, tragico, disfatto,
bianca, bianca, nel tacito tumulto
come un occhio, che largo, esterrefatto,
s'aprì si chiuse, nella notte nera».

Podemos chamar a este tipo de estruturação *noémica bipolar* ou *bitonia noémica*, aos pares *polaridades noémicas*. Todo o polo de uma polaridade pode ser desenvolvido por sinonímia e/ou hiponímia.

Particularmente rico em possibilidade noémicas bipolares é o textóide transformativo. Observando o conteúdo noémico/sémico dos functemas podemos verificar.

— S1 e S2 representam duas situações opostas do mesmo sujeito, o que significa que haverá uma oposição entre os

predicados e os graus de probabilidade e eventualmente os lugares e os tempo de S1 e S2;
— T leva de S1 para S2, o que implica que a personagem que preenche o sujeito de T, que em geral coincide com o de S1 e S1, realize um movimento;
— A é complementar de T: uma personagem sujeito ou emissor complementar da de T favorece o movimento dela, de maneira que o destinatário de A coincide com o sujeito de T;
— D opõe-se a T e a A tanto no sujeito como no predicado; o seu destinatário coincide com o sujeito de T;
— a passagem de S1 a S2 pode levar à união do sujeito de S1/S2 com o destinatário de T, o que pode implicar certa complementariedade noémica entre estes dois; mas o destinatário de T também pode opor-se parcial ou totalmente aos desejos do sujeito de T, o que implicaria uma oposição noémica entre os dois; esta oposição entre o sujeito e destinatário já pode aparecer em C, S1, I.

Noemicamente estas oposições e complementariedades dão origem aos seguintes possíveis núcleos de irradiação bipolar:

sujeito/emissor de S1/T/S2,
destinatário de A/D, sujeito/emissor de A   vs   sujeito/emissor de D
predicado de S1   vs   predicado de S2
lugar de S1   vs   lugar de S2
tempo de S1   vs   tempo de S2
sujeito de C/S1/I/T   vs   destinatário de C/S1/I/T
predicado de T/A   vs   predicado de D

Um ulterior desenvolvido de polaridades pode produzir-se quando a textura apresenta dois ou mais textóides transformativos unidos por disjunção. Neste caso podem contrastar-se os movimentos das transformações e atribuir-se qualidades antonímicas às personagens que preenchem o functema sujeito das várias S1/T*S2* (como por exemplo quando dois rivais pretendem a mesma mulher).

Nos textóides compensatórios podem opor-se os contratantes nas suas qualidades; o mesmo vale para as personagens exemplificativas dos textóides fábula e para o par acusado/acusador dos raciocínios.

Como as polaridades noémicas se realizam amiúde através da oposição das qualidades atribuídas a duas ou mais personagens, convém lembrar aqui os elementos descritivos com que mais frequentemente se definem as personagens:

- nome, em particular 'nome falante' (i.é, que aponta para uma qualidade do seu portador, cf. por exemplo S. Pereira Gomes, *Esteiros*, Outono/V: «Escorraçado e perseguido como um gineto — Gineto de nome e condição»)
- origem genealógica
- origem social
- origem geográfica
- idade
- aspectos físicos
- maneiras de vestir
- gestos e maneiras de falar
- qualidades e habilidades físicas
- qualidades intelectuais
- qualidades morais e paixões
- posição social
- morada

A descrição de uma personagem pode tender para ser completa *(descrição realística:* por exemplo os protagonistas dos romances realistas) ou concentrar-se numa só qualidade *(descrição tipificante:* por exemplo os protagonistas de muitas comédias de classicismo francês). Uma qualidade pode também vir completamente abstraída do seu portador e ser depois outra vez personificada *(figuras alegóricas* das virtudes, dos vícios e das paixões). Notemos ainda que uma personagem pode ou não transformar-se ao longo da obra, permitindo a primeira possibilidade superar certos antagonismos (por exemplo quando uma personagem A aceita unir-se a outra B só se esta vencer certos defeitos). Enfim, uma personagem pode ser caracterizada não pelas suas qualidades, mas pelas suas acções.

5.2 As tonias noémicas e a descrição das personagens no Romance da Raposa

Tomando como ponto de partida para detectar as tonias noémicas os textóides podemos esperar como possíveis núcleos de irradiação os seguintes noemas/semas (que já disponho em pares polarizados):

1) 'fome' vs 'fartura' (cf. S1/S2 de TX1, TX14, TX15, TX20, TX21, TX23, TX31, TX33, Tx34)
2) 'falta de abrigo' vs 'abrigo' (cf. S1/S2 de TX2)
3) 'ofendido = furioso' vs 'vingado = alegre' (cf. S1/S2 de TX3, TX4, TX6, TX7, TX9, TX11, TX28)
4) 'doente' vs 'são' (cf. S1/S1 de TX5, TX26)
5) 'sede' vs 'fartura' (cf. S1/S2 de TX10, TX12)
6) 'preso' vs 'livre' (cf. S1/S2 de TX22)
7) 'a pé' vs 'cavaleiras' (cf. S1/S2 de TX30)
8) qualidades da Salta-Pocinhas vs qualidades do teixugo (cf. sujeito de T6 e de D4 de TX1, sujeito/destinatário de T de TX3/TX4 e de I de TX6).
9) qualidades do lobo vs qualidades da Salta-Pocinhas (cf. sujeito/destinatário de I de TX7, de S1 de TX9/TX11/TX28; sujeito/destinatário de T1 de TX30, sujeito de T/A/D de TX9; contratantes de TX27; personagens exemplificativas de TX29; etc.)
10) qualidades dos bichos vs qualidades da Salta-Pocinhas (cf. sujeito de T/A/D de TX1; sujeito/destinatário de T de TX7; contratantes de TX23c/TX25c; sujeito/destinatário de TX26; contratantes de TX26c; sujeito/destinatário de T1 de TX31/TX33 e de I de TX34c; etc.)
11) qualidades do bicho-homem vs qualidades da Salta-Pocinhas (cf. contratantes de TX18, sujeito/destinatário de C de TX22)
12, 13) lugares/tempos de S1 dos textóides transformativos que informam uma procura de comida vs lugares/tempos de S2
14, 15) lugares/tempos de S1 dos textóides transformativos que informam uma vingança vs lugares/tempos de S2
16, 17) lugares/tempos de S1 dos textóides transformativos que informam uma procura de saúde vs lugares/tempos de S2
18, 19) lugar/tempo de S1 do textóide transformativo que informa uma procura de liberdade vs lugar/tempo de S2
20, 21) lugar/tempo de S1 do textóide transformativo que informa uma procura de transporte vs lugar/tempo de S2
22) 'procura de sustento' vs 'impedimento dessa procura' (cf. predicado de T/A/D de TX1, TX2, TX10, TX12, TX14, TX15, TX20, TX23, TX31, TX33, TX34)

23) 'procura de saúde' vs 'impedimento dessa procura' (cf. predicado de T/A/D de TX5, TX26)
24) 'procura de vingança' vs 'impedimento dessa procura' (cf. predicado de T/A/D de TX3, TX4, TX6, TX7, TX9, TX11, TX28)
25) 'procura de liberdade' vs 'impedimento dessa procura' (cf. predicado de T/A/D de TX22)
26) 'procura de transporte' vs 'impedimento dessa procura' (cf. predicado e T/A/D de TX30)

Destas várias dezenas de possibilidades aparecem mais ou menos desenvolvidas as seguintes:

a) A bipolaridade noémica 'fome/sede' vs 'fartura' é a tonia claramente mais desenvolvida do texto. Está em geral relacionada com a Salta-Pocinhas (cf. TX1, $\overline{TX}8$, TX10, TX12, TX14, TX18, $\overline{TX}19$, TX21, TX23, TX25c, TX26c, TX27, TX29, TX31, $\overline{TX}32$, TX33, TX34, TX34c), mais raramente com outros bichos (cavalo: TX15; cachorros da Salta-Pocinhas: TX20; lobo: TX27, TX29).Estes às vezes não são protagonistas de textóides, como o Pé-Leve («há oito dias que jejuo» (19)), os animais em geral («e faleceram outros à sede» (50)), «a caiçalha toda do povo» («seria a primeira a tirar o ventre de misérias» (124)), as raposas em geral («Não tens coisinha com que quebre o jejum?... mal a faminta rodava» (159)). Estes polos, além disso, abrem e fecham a obra (p. 13: *fome*, p. 166: *farta*).

O noema 'fome/sede' aparece em diferentes variantes lexémicas, às vezes especificado por uma indicação temporal ou um adjectivo /verbo/substantivo que denota a consequência da fome/sede; outras vezes é representado pela equivalência 'não comer': ao cabo de uma semana de fome (13), o jejum (18), há três dias que não provo migalha (20), Ando negra de fome (28), Ando mirradinha de fome (29), Já nem me recorda que engolisse um escaravelhinho (29), sentia cada vez mais as torturas da fome (38), uma vezes com o estômago a latir (48), curtiu a sede que lhe devorava as entradas (52), como andasse morta de sede (58), sob as torturas da sede (60), com a febre e a lazeira andava (60), Pois mate a sede (61), onde (sc. o cavalinho) matou a sede (71), a fome era negra (113), para não morrer de fome

(121), satisfazendo depois a gula (122), atormentada com a fome (123), a sofreguidão dos mais sôfregos (125), o focinho pedinchão e ávido (125), às barrigadas de fome (132), com que não morrer de fome (146), etc. Esta irradiação predomina na primeira parte da obra.

A polaridade 'fartura' é repartida por dissociação nos subnúcleos 'fonte de sustento', 'grande quantidade de sustento', 'actividade de se alimentar' e 'consequência da actividade de comer». Entre as fontes de sustento da Salta-Pocinhas (à qual aqui me limito) figuram: míseros gafanhotos (13), coelho bravo (13), fressura (41), uma fontinha (50), mel (52), lombinho de carneiro (54), auguinha da fresca (58), peru (59), besouros (59), sardaniscas (59), truta (59), truta (59), figos lampos (67), cotovia (69), perdiz (69), pato (84), grilo (92), láparo (93), fraca (99), lagarto (113), noitibó (113), fígados de cordeiro (118), borrego (118), bichinhos simplórios (120), maçarocas (120), ovos de perdiz (122), cotovios implumes (122), galinhas (122), lebre ferida (123), ave chumbada de asas (123), cadáveres de ratos, de toupeiras, de tudo o que fora vivente e sucumbira (123), sobejos de caça, um osso menos esburgado (123), carne a apodrecer (123), lebracho (126), perna de galinha (126), lagartixas (126), cobrinhas (126), láparo (127), ratazana (127) lombo dum anho (131), chibato (123), o almoço dos mateiros (139), um naco, migalhas, ossos a roer (146), ave tenra (146), lebracho de leite (146), carcaças de animais (152), galinhola (155), marrecos, galarozes, galinhas (159-160), franga, caçapo, rã (161), franga, coelho, ovos de perdiz (163-164); a variedade destas comidas mostra-nos como a Salta-Pocinhas aceita as situações que a vida lhe faz atravessar. A 'grande quantidade de sustento' é por exemplo indicada por: A serra é grande e farta (17), Nos dias da abundância (18), Pôs-se o lobo a malucar e a raposinha a fazer com os olhos o inventário da casa. E o seu coração palpitou ao descobrir, além dos dois quartos do vitelão, os miúdos dum borrego, sumptuosos de gordura e de tamanho (40), Mas não há bem que sempre dure e tristemente acabou quela fartura de sangue morno e carne fresca a palpitar (88), e terra, que então põe mesa lauta para o homem e os animais (120), O faro conduzia-a, quantas vezes, até as abas da aldeia ao banquete farto de vaca, porco ou burro, mortos por moléstia ou acidente e para ali deitados aos cães (124), E na rima da carne flácida, olhos fechados, meia tonta de gozo, devorava (124), à mesa lauta (125), esses bródios (125), daquela vez abasteceu a despensa para uma temporada (128), estas marés da sorte eram raras (146), a velha Salta-Pocinhas, a arrotar de farta (128), E a velha comadre, de três viagens, arrastou a gorda caçada para a toca (160), a Salta-Pocinhas viveu ainda anos, farta (166); as alusões à abundância predominam na segunda parte da obra e parecem anunciar o final 'farto' da Salta-Pocinhas. A actividade de se alimentar aparece lexemizada por uma grande quantidade de sinónimos, como: comer (14), manducar (14), imolar (41), alimentar-se (52), molhar a boca (52), chupar (53), lamber (53), beber (53), encher o fole (54), trincar (55), banquetear-se (59), mascar (59), molhar a goela (62), encher a pança (68), pastar (69), papar (70), passar ao bucho (96), encher o paiol (96), pilhar (118), devorar (124), despachar para o seu paiol (146), tomar parte na refeição (154). A consequência da actividade de comer está indicada por termos como: espevitar os dentes (41), mais fartinha que o gorgulho na arca (48), fartar-se (61), mais pesada do que um pato (69), estar farta (69), lamber o beiço (121, 123, 140, 155), arrotar de fartos (122), tanto lhe pesava a barriga (140).

Relacionados ainda com esta bipolaridade que compenetra todo o texto estão certos adjectivos que caracterizam alguns animais (toirões: papa-coelhos (44), raposo: glutão (125), Salta-Pocinhas: o papão comilão (163)), certas comparações («a febre de vingança, mais ardente que todas as sedes, abrasou o peito do lobo Brutamontes» (56); «e besuntar-se bem besuntada não lhe levou, também, mais tempo do que sorver um ovo de codorniz» (60)), certos antónimos de 'fonte de sustento' (estiagem (50,57), secar (50,57), pelar (57), emudecer (57)) e alguns outros noemas associáveis a 'consequência da actividade de comer (ou não comer)' («A raposa, depois de admirar aquele aparato, em sua alma rejubilou» (116), «com seus prazeres» (121); «e faleceram outros à sede» (50), «magra, mais magra que faca de cortar o pão, reumática, a pelar toda» (119), «Tomada de torpor, nas pupilas verdes passava-lhe então o mundo e a vida toda com os seus prazeres e tristezas» (121).

b) Da bipolaridade 'ofendido' vs 'vingado' está bastante desenvolvido o polo 'ofendido' sobretudo pelas repetidas tentativas malogradas de o lobo se vingar da Salta-Pocinhas. Este núcleo aparece lexemizado pelas seguintes expressões: se sentiu (referido à Salta-Pocinhas, 30), Mas cheirar mal, ser assim fedorenta, ofendia-a na ideia que concebera dos seus agrados (Salta-Pocinhas, 30), por vingança, por pirraça (Salta-Pocinhas, 30), furioso (teixugo, 32), não só por acinte, mas também com ronha (Salta-Pocinhas, 32), graves ofensas para com a nossa augusta senhoria (lobo, 46), Mas ódio velho não cansa e assim era o do lobo para a raposeta (50), depois daquele ultraje, a febre de vingança, mais ardente que todas as sedes, abrasou o peito do lobo Brutamontes (56), O lobo, cada vez mais desatinado e desvairado no ódio que tinha à raposeta (57), Quedou o lobo desesperado e inconsolável com mais aquele enxovalho às suas barbas reais. Um furor cego, furor doido se lhe acendeu na negra alma (62). Como só as vinganças da Salta-Pocinhas alcançam um êxito positivo, o polo 'vingado', que se apresenta em termos como: regougou de alegria (33)/prazenteira (41)/arrogante e farfante (55-56)/satisfeita (140)/a trautear (142), é menos desenvolvido. Relacionado com ele está a sua negação ('não vingado': vizo-rei zombado, humilhado, desclassificado (65).

c) Boa parte dos bichos silvestres vem descrita brevemente com uma, duas ou três qualidades, caracterizadoras, em geral, do aspecto ou do ânimo, à semelhança do que acontece nos relatos épicos com os heróis, como por exemplo no trecho seguinte:
«Lá estavam, em grupos, as temíveis ginetas de farda casquilha e cauda em cedilha; os toirões papa-coelhos, de olhos vermelhos; o gato bravo malfeitor e a fuinha com gravatinha de neve e rabo em espanejador. Lá estavam os javalis, de ar nada cordial, policial; as papalvas com capotes de velhas alvas; lobos, lobatos e lobinhos, nédios e anafadinhos, que o seu parente era o vizo-rei. Lá estavam os teixugos, patudos, ganindo: mate-se! e as raposas, hipócritas, fingidas, a dizer com eles, de olhos no chão: senhores compadres, têm razão!» (44).
Mas descritos com mais exactidão só estão a Salta-Pocinhas, o lobo, o teixugo e o urso. Vejamos estas descrições mais de perto:

(α) Descrição da Salta-Pocinhas
— nome: Salta-Pocinhas, nome falante que quer dizer 'pessoa afectada, que anda a passo miúdo, como aos saltinhos' ou 'criança desinquieta, que anda sempre de lado para lado'

— origem genealógica: pai: velho, um raposão de rabo pelado (14), um entrevadinho, um borralheiro (16), hábitos de velho impostor (16), gabarola (16); mãe: velha... caduca (16), olhinho torvo (fig. 1), velha sábia, doutora em lábia (fig. 1), mão erguida em gesto de bom conselho (17), outra velhaca, desconfiada como a tua mãe (24); irmão: o Pé-Leve saiu um azougue de finura (14), experimentado caçador e ratoneiro (19), o danado salteador (19)

— origem social: Para baronesa não nasceste (15), Não era desonra pertencer à ralé, nem faltarem-lhe costados de fidalguia (30)

— idade: a Salta-Pocinhas é descrita em todo o seu arco vital da juventude até à velhice: raposeta (13), Mal entre a lua nova... estás na idade de te conduzir por tua cabeça. Também já lá te cantam dezoito meses, e dezoito meses nada ladros (14), era mãe de três filhos e acabava de enviuvar (87), Pelos cálculos de mestre Vicente, o corvo, devia a comadre raposa, muito trôpega e caduca — se não era armar à caridade — ir em mais de dez anos. Magra, mais magra que faca de cortar o pão, reumática, a pelar toda, estava bem livre de que a sua samarra podesse dar um daqueles abafos que as damas deitam ao pescoço (119), gasta e tropeçona (124), a velha Salta-Pocinhas (129), Tendes boas pernas, compadre, tendes boas pernas. Também já tive. Hoje estão mirradinhas dos anos e dos trabalhos (134), coxa decrépita (147), mimosa como rainha-mãe (166)

— aspectos físicos: É olhar-te para as navalhas dos dentes e a boa saia de peluche (14), deitaste bom corpo (15), pintalegreta (29), mocinha airosa, briosa, graciosa que se julgava (30), graças às pernas, que eram lestas, e ao olho e faro, que nunca a enganavam (57), os olhos, que de finos faiscavam (69), com o olho lampeiro e perdigueiro de bom engenheiro (104), rabo pimpão (118), nas pupilas verdes (121), a pata... felpuda e com garras (153)

— maneiras de se vestir: a Salta-Pocinhas disfarça-se de bicho-palheiro (52-55), de lagarta das couves (60-62), de mendiga (152-154), de papão (157-165)
— maneiras de se portar e falar: fagueira (13), delambida (32), a furta-passo, mais silenciosa que se calçasse alpargatas de ladrão (33), sorrateira (34,118), untuosa, dengosa, em sua melhor prosa (39), em voz compungida (40), na voz mais doce e fagueira (67), uma voz melada, ainda que esganiçada (73), a comadre, que era cortês e bem educada, não entrava nem saía do campo que não saudasse o espantalho (121)
— qualidades e habilidades físicas: veloz (25), fede à légua (30), cheirar mal, ser assim fedorenta (30), fede que trasanda (36), as emanações do traste (36), tornou-se artista nas manhas de colher escaravelho no voo (50)), envenena meio mundo ao que cheira mal (62), Agora lá para as danças velhas desta velha terra, chulas, fandangos, o vira, o estaladinho, concordo que não haja perna mais alceira que a minha (74), o traste (114), também não as (sc. as espigas) comia vestidas como se vêem na haste, mas depois de as descamisar, operação em que era ainda mais hábil e mais ligeira que as raparigas nas esfolhadas (120-121)
— qualidades intelectuais: matreira (13), com boa memória (18), cuidadoso e lesto era o seu caçar (18), subtil (25) precavida (32), com o seu ardil (38), a ideia do ardil providencial (53), Mais esperta que um pele-vermelha (59), conceber um plano engenhoso (60), concebeu então um plano temerário (98), ela a conceber (133), o seu engenho e sabedoria (133), sábia (150), um pensamento se formou na sua cabeça (152), alto entendimento (162), cautelosa (165)
— qualidades morais e paixões: lambisqueira (13), briosa (18), senhora de muita treta (29), a entremetida (31), atrevida (32), descarada, celerada, enjeitada de chacal (31), minha ladra, minha saca de mentiras (32), mal intencionado bicho (36), aventureira, faceira, prazenteira (41), estouvada (45), Descarada e sem temor (48), rapa-

81

ceira (57), zombar (57), a má cabeça que a levara a escarnecer do lobo (58), em sua alma maliciosa (59), Embora a paixão da caça fosse nela dominante (59), era de boa boca (59), antes que se lhe desate o saco de velhacaria (62), após breve e trocista negaça (65), embusteira... rainha das farsantes, a maior velhaca que a rosa do sol cobre (65), uma deslavadíssima e grandessíssima tunanta (71), a trocista da raposa (75), muito má (95), arguta e resoluta (98), afoita e direita (98), a voz do passarolo, a quem sempre tratara como rês de matadoiro, enterneceu-a (102), ainda que resoluta e dada à luta (102) o seu gosto da rapina (116), a grande velhaca (117), pacientemente... esperava (124)

— posição social: Consta-me que há para aí umas raposas entendidas... observou Brutamontes (35), Minha avó — murmurou em voz compungida — tirou o curso de médica nas Universidades. Remédio seu era bálsamo santo. Nas horas vagas, lá nos ia ensinando uma ou outra receitinha (40), o demo da feiticeira (126), ganhara fama de ervanária e curandeira (126), a mezinheira (127), lembrou-se de abrir uma aula para raposinhos (147), a desprezaram como nunca (151), o temível papazão que possuía o engenho do homem e as manhas dos animais silvestres (158), Vieram os animais todos e... levaram a velha comadre em triunfo» (165-166)

— morada: 1) «na toca do teixugo — agora a sua toca» (43)

        2) «Da casa do teixugo mudara para outra, mais ampla e arejada, com despensa, alcovas e uma espécie de cubículo de porteiro, donde, sempre prudente e desconfiada, espiava e policiava, farejava e palpitava, antes de sair ao largo. Portas falsas tinha tantas como um castelo afonsino, todas necessárias que eram muitos os inimigos e todos diferentes a atacar. Bom era o covil,

grandes mineiros, depois veio ela com o marido, paparam os senhorios e, cavando e desenterrando, tornaram a toca mais cómoda e confortável» (87-88)

3) «uma antiga mina de água, destas minas que secaram para todo o sempre, e são, meio assapadas e entupidas, o albergue dos animais montesinhos» (130)

(β) Descrição do lobo
— nome: D. Brutamontes, nome falante que quer dizer 'homem muito bruto, alarve, indivíduo asselvajado'
— aspectos físicos: emplastro que lhe tornava mais medonha a carantonha (35), tirando o emplastro apontava a face, tão bochechuda, tão disforme que nem que trouxesse meia caraça de carnaval (39), esquelético e peripatético (50), o machacaz (52), grande, magro, funéreo (62), o corpanzil do lobo jazia por terra branco, mortuário, funerário (64), que boa pança para embainhar o chifarote (64), Um ventas de cão (64), O lobo ergueu-se medonho, rangendo os dentes (65), os olhos a fuzilar, a dentuça amarela à mostra (132)
— maneiras de se portar e falar: com tais rugidos (38), rangendo os dentes (65)
— qualidades e habilidades físicas: força (56), como havia eu de ir dançar o foxtrot, se não sei? (71), Sei pegar numa rês no meio do rebanho mais guardado, como nunca o lince nem a gineta serão capazes de fazer (72), que par de labregos (72), tais brutalhões (72)
— qualidades intelectuais: a bestidade (38), tão sabedor (segundo muitos animais,(47), tem mais de bruto que de astuto 47), bruteza (56), estupidez (56), Mas vizo-rei dos asnos, ó sendeiríssimo senhor! (56), imbecilidade (62), paspalhão (64), não há modo de o siso lhe entrar na mioleira (75), num riso que queria ser ladino (75)
— qualidades morais e paixões: tirano sanguinário (33), a sanha (38), Veio o lobo ao limiar com tal arreganho,

com tais rugidos (38), tão bom (segundo certos animais, 47), é por igual grotesco e barbaresco, pirata e patarata, caprichoso e maldoso (47), rancoroso (48), Cometeu barbaridades sem conto, entregou-se aos piores caprichos e às mais feias aventuras (62), despótico e sanguinário (62), malvado (64), degenerado (64), comilão (64), cobardão (64), Lambão (72), o inimigo dos dançarinos (73), Nesta vida de batedor de montes não aprendi prendas de sala (75), não se fartava de deitar bazófia acerca das belas gâmbias, e ainda maior por ter papado um rico almoço (140); além disso, em contraposição a Salta-Pocinhas, não come de tudo (diz ao teixugo: «mas lá bolotas, como pão-de-ló, come-as tu e a tua avó» (37)
— posição social: vizo-rei daquelas selvas e penedias (32), vizo-rei das selvas da Beira-Alta, por mercê de D. Leão (46), pai de todos (47), ó sendeiríssimo senhor (56), como cabo de ordens (57), desclassificado (65), o principal destas selvas (75), o pobre sendeiro (140), Sua Senhoria o lobo (162)
— morada: Ficava o Paço num barrocal, entre penedos tão grandes, tão feios e tão a cavalo uns dos outros, que nem no céu nuvens de trovoada (33), à aldraba da pavorosa moradia (38)

(γ) Descrição do teixugo
— nome: Salamurdo, nome falante que quer dizer 'indivíduo de poucas palavras, mas que é sonso e morde pela calada'
— aspectos físicos: na testa faixa esbranquiçada (24), narigudo, barrigudo (29), tinha garras de aço que apertavam como turqueses, dentes possantes que uma vez ferrados não abriam mais (29), no jaquetão cor de café, topete e peitilho alvos de neve (29), a gordura do nababo (29), as pupilas verdes (29-30), As pernocas curtas (33), bigodes (34), com calçotes de veludo (41)
— maneiras de se portar e falar: chamou em tom brando e adocicado (34), tartamudo (37)

— qualidades e habilidades físicas: ronceiro, passeiro, mazorreiro, perna cambada (24), o andar saltitante (33)

— qualidades morais e paixões: esmoler (segundo o Pé-Leve, 19), alma de besugo (segundo a Salta-Pocinhas, 29), maganão (29), muito limpo e asseado, e que a outros que tais, como o almíscar, fadou a natureza tão bem cheirosos que estar ao pé é apanhar uma dor de cabeça (30), esquisito senhor (33), cortesão (34), com tanta rópia (36), descaroável (38), egoísta (38), asseado e belo senhor (41)

— posição social: a portas de certa teoria (30), o burguês (36)

— morada: uma cova de bicho, com portaria cavada sobre o redondo no toro dum velho carvalho, terreirinho à frente para gozar o fresco ou a soalheira, frestas para respirar, e porta falsa, à retaguarda, para dar às de vila-diogo se o fossem acometer (27-28), naquele castelo de alta fidalguia (28)

(δ) Descrição do urso
— nome: tio Mariana
— aspectos físicos: olhos pequenos, pardos e redondos como baga de loureiro, orelha esperta, héctico (22), cabeçorra (25), negro (25), grandão (44)
— maneiras de se portar e falar: ergueu a voz (47)
— qualidades e habilidades físicas: omnívoro (23)
— qualidades intelectuais: se a alcunha de urso sábio não mentisse, devia meter a sua colherada em medicina (35), paspalhão (44), filosófico (48)
— qualidades morais e paixões: peripatético (22), de plantão (25), monástico, estático, como eremita a rezar (25), pernóstico (48), apenas tenho medo do húngaro e de mais ninguém (47)
— posição social: o urso sábio dos saltimbancos (22), um pobre desterrado (22), o urso fugido aos saltimbancos, que... devia meter a sua colherada em medicinas (35)

As qualidades destas quatro personagens em parte opõem-se e em parte são complementárias, como se pode visualizar no seguinte quadro:

qualidades	Salta-Pocinhas	Lobo	teixugo	urso
alta sociedade ralé	+	+	+	+
gracioso medonho	+	+	+	(+)
cheirar bem cheirar mal	+		+	
olhos verdes olhos pardos	+		+	+
voz fagueira	+	−	+	−
lesto ronceiro	+		+	+
saber dançar	+	−		+
esperto bruto	+	+		+
mezinheiro	+			+
cortês bárbaro	+	+	+	
presumido trocista	+	+	+	
come tudo	+	−	(+)	+

Este quadro evidencia os seguintes contrastes e paralelismos:
a) Contrastes
      Salta-Pocinhas: lobo = ralé: alta sociedade
      Salta-Pocinhas: lobo = graciosa: medonho
      Salta-Pocinhas: lobo = voz fagueira: voz grossa

Salta-Pocinhas: lobo = saber dançar: não saber dançar
Salta-Pocinhas: lobo = esperta: bruto
Salta-Pocinhas: lobo = cortês: bárbaro
Salta-Pocinhas: lobo = trocista: presumido
Salta-Pocinhas: lobo = come de tudo: não come de tudo
Salta-Pocinhas: teixugo = ralé: alta sociedade
Salta-Pocinhas: teixugo = cheirar mal: cheirar bem
Salta-Pocinhas: teixugo = lesta: ronceiro
Salta-Pocinhas: teixugo = trocista: presumido
Salta-Pocinhas: urso = olhos verdes: olhos pardos
Salta-Pocinhas: urso = voz fagueira: voz grossa
Salta-Pocinhas: urso = lesta: estático
lobo: teixugo = bárbaro: cortês

b) Paralelismos
Salta-Pocinhas = urso: ambos da ralé
Salta-Pocinhas = urso: sabem ambos dançar
Salta-Pocinhas = urso: são ambos espertos
Salta-Pocinhas = urso: são ambos mezinheiros
Salta-Pocinhas = urso: comem ambos de tudo
Salta-Pocinhas =teixugo: são ambos graciosos
Salta-Pocinhas = teixugo: têm ambos a voz fagueira
Salta-Pocinhas = teixugo: são ambos corteses
lobo = teixugo: são ambos da alta sociedade
lobo = teixugo: são ambos presumidos
lobo = urso: têm ambos a voz grossa
teixugo = urso: são ambos lentos

A personagem melhor descrita é sem dúvida a Salta-Pocinhas: dos treze tipos de traços descritivos a que aludíamos no § 5.1. aparecem doze com muitas variações para caracterizar a raposa. As qualidades 'origem genealógica', 'idade' e 'maneiras de se vestir' só são especificadas para ela. É ela aliás a única personagem que nos é apresentada nas várias fases da sua vida, do vigor juvenil à caducidade da velhice; as outras ficam estáticas na sua idade, mesmo o lobo, quando reaparece nos textóides TX28/29, onde não deveria estar muito menos caduco do que a Salta-Pocinhas. A raposa é também o único bicho que se transforma não só na sua idade, mas também no seu saber: «a sua astúcia» era «cada vez mais sabida e apurada» (119). A Salta-Pocinhas e o lobo são as personagens que mais se opõem: a primeira, embora da baixa extracção social e trocista, é graciosa, civilizada (é neste noema que se podem resumir as qualidades 'voz fagueira', 'saber dançar', 'cortês'), esperta; o segundo, embora da alta sociedade e presumido, é medonho, bárbaro, bruto, imbecil. O urso, que pela extracção social e pela inteligência mais se liga à Salta-Pocinhas, com a sua estaticidade (espera que a comida lhe caia do céu, cf. p. 25: «Lá continuava o urso sábio, de plantão, cabeçorra erguida — à espera que lhe caíssem as castanhas do céu — negro, monástico, estático, como eremita a rezar») acentua por contraste o dinamismo desenvolvido pela raposa na sua procura do alimento vital. O teixugo, que pela sua extracção social e pela sua presunção mais se liga ao lobo, com o seu fim trágico sublinha a incapacidade da alta sociedade em se governar.

d) Os lugares, embora muitas vezes especificados como tocas (cf. a descrição da Salta-Pocinhas, do lobo, do teixugo em (c); além disso: «avistou a fuinha debruçada da lorga dum velho castanheiro — seu solar —» (20), etc), situações no mato, nos campos, nas aldeias (como por exemplo o lugar para a lição de dança: «A terra espraiava-se até bem longe num desdobre mansíssimo de pequenos vales e colinas» (78)) não parecem ter função relevante na economia narrativa da obra.

e) Os tempos, embora aqui e além atmosférica (chuva (18, 27, 43, 89), estiagem (50, 57)) e cronologicamente (verão (20, 119), outono (20), inverno (27, 121), primavera (91, 101, 122); «Estava a romper o dia» (77), «Uma tarde» (52), «Fechara a noite» (18); «Havia três dias e três noites» (13), «Dois anos decorridos» (57), etc.) especificados, não parecem revestir uma particular importância funcional. Às vezes o passado parece sublinhar a fartura e o presente a falta de sustento (cf.: «Enovelada na toca, a raposeta recordava, cheia de saudades, os bons tempos... Mas agora, sob as torturas da sede» (59-60); «E, com essas lembranças, recordava as doces horas levadas juntos, as suas núpcias, os seus folguedos na relva orvalhada do rocio da alva, pelas manhãs de sol... Tudo isto, horas felizes, horas do Diabo, repassava a Salta-Pocinhas de memória, atormentada com a fome e a tiritar» (121-123)). No segundo capítulo da segunda parte a Primavera faz ressaltar a situação feliz dos bichos livres e a infeliz da Salta-Pocinhas presa.

f) Das várias procuras ressalta a de sustento, protagonizada sobretudo pela Salta-Pocinhas e realizada como irradiação do noema 'caçar' que atravessa toda a obra lexemizado por termos como: correr os bosques (13), farejar (13), bater o mato (13), deitar a unha (13), caçar (18), buscar (19), em cata (21), rastejar (27), sondar (27), fusgar (32), bifar (47, averiguar (49), pescar (59), filar (69), saltar sobre (92), catrafilar (93), amarfanhar (96), bater monte (96), vaguear (96), Largar mato fora (113), parlamentar (114), etc. Nos textóides TX31/$\overline{TX32}$ o caçar toma o aspecto de mendigar. Associados ao noema 'caçar' estão os qualitemas da procura de liberdade (romper (104), cavar (105), rapar (105), furar (105), abrir (105), minar (105)) e, vista a natureza destes, também os relacionados com a construção de abrigo («Quem executou as primeiras *obras* foram os coelhos, que são grandes mestres *mineiros*, depois veio ela com o marido, paparam os senhorios e, *cavando* e *desaterrando,* tomaram a toca mais cómoda e confortável» (87-88), «percorreu o covil com olho lampeiro e perdigueiro de bom *engenheiro*» (104).

g) Ligada à sucessão atextóidica $\overline{TX17}$ aparece a irradiação do noema 'dança'. Está este relacionado nomeadamente com a civilidade da Salta-Pocinhas e a incivilidade do lobo, como se pode depreender do seguinte diálogo entre a loba e o lobo:

«— Foi uma vergonha, torno a repetir — disse a voz. — A afilhadinha à espera que a fosses convidar para o fox-trot e tu a contas com a perna de carneiro. Arre que é ser comilão!

— Ó minha santa, como havia de eu ir dançar o fox-trot, se não sei? Nem a chula, quanto mais a endiabrada de uma dança que se inspirou nos jeitos e nas piruetas duma deslavadíssima e grandessíssima tunanta, que ia dando comigo doido. Não é isso, do ingliche: fox — raposa, e trot — trote?... Trote da raposa, se não me falha a língua» (71-72).

A Salta-Pocinhas consegue porém convencer o lobo que «saber de tudo», portanto também dançar, «exige-o a boa educação» (74) e dar-lhe assim mais uma lição (cf. $\overline{TX17}$). O campo semântico da 'dança' é todavia já anunciado antes, quando a Salta Pocinhas, disfarçada de bicho-palheiro, fala ao lobo nos velhos tempos («Sou desse tempo... em que não havia armas de fogo, e os bichos dançavam a galharda» (54)), quando a mesma raposa «em sua alma maliciosa sorria» para o galo dizendo-se: «Canta, que talvez dances!» (59) e quando os bichos zombam do lobo («A fuinha bateu sobre ele o fandango e dois passos de tango» (63)), e é retomado várias vezes também depois: quando a Salta-Pocinhas come os fígados dos cordeiros («E, dentro da bolsa, em balancé, num só pé, a dançar o saricoté» (118), quando a Salta-Pocinhas, caduca, já deixa em paz os coelhos («podiam os coelhos sair de suas luras ao pagode, que também não era ela que lhes iria desmanchar a valsa» (120), no fim dos raros bródios («ao fim desses bródios raros, dois raposões metiam-na no meio e lá vinham de braço dado, dançando, cantarolando a Rosa Tirana, a caminho do seu bosque» (125), quando se inaugura a escola («Houve música e baile», 148). Dança-se portanto nos momentos de satisfação.

h) Também nos momentos de satisfação, mas igualmente nas situações difíceis, aparece a irradiação do noema 'canto':

a. Momentos de satisfação
— «Ao fim desses bródios raros, dois raposões metiam-na no meio e lá vinham de braço dado, dançando, cantarolando a Rosa Tirana, a caminho do seu bosque» (125)
— «o machacaz a (sc. a Salta-Pocinhas) carregou ao lombo... e a comadre a trautear» (142)
— «Uma bela noite... se inaugurou o curso... Houve música e baile» (148)
— «Na toca, a velha Salta-Pocinhas, a arrotar de farta, cantava» (158)

Nestes contexto é preciso ver também as cantarolices com que a raposa trata de apanhar um láparo (93).

b. Momentos difíceis
— «E, por mais que procurasse uma contramanha, não achava nada jeitoso. Enovelada na toca, a raposeta recordava, cheia de saudade, os bons tempos... apre-

ciava o solfejo alegre que a punha em relação com os mais seres» (58-59)
— «o bicho-homem veio e emparedou a raposa... O mocho começou a piar.. Um grilinho... pôs-se a musicar... os ralos nas clareiras e as rãs nos charcos, cantando... Aquela cantiguinha (sc. do tentilhão)... O passarinho continuava com a serenata...» (101-103)
— «No verão, para não morrer de fome, o que lhe valia era a sua astúcia ser cada vez mais sabida e apurada. À flor da terra, nessa quadra do ano, tudo era cantar, cantar» (119)
— «Cansada de andar ao deus-dará, botou-se a malucar como ver-se livre do atoleiro... Na mata, o passaredo punha-se de chacota com ela. Os estorninhos trauteavam... Os gaios grasnavam zombeteiros... E até o pisco e a cotovia, a vê-la e a escarnecerem...» (146-147)

Como se pode deduzir deste último exemplo o canto pode estar acompanhado de uma conotação de zombaria.

Resumindo a análise das tonias e da descrição das personagens no *Romance da Raposa* podemos verificar que:

— a bipolaridade mais desenvolvida é 'fome/sede' vs 'fartura'
— certo desenvolvimento cobra também a bipolaridade 'ofendido' vs 'vingado', aliás metaforicamente relacionada com a primeira (enquanto que a Salta-Pocinhas tem fome/sede fisiológicas, o lobo tem sede de vingança)
— as personagens melhor descritas são a Salta-Pocinhas, o lobo, o teixugo e o urso, destacando em primeiro lugar a raposa e em segundo o lobo; com respeito a estas o urso e o teixugo são personagens claramente secundárias que só aparecem nos primeiros capítulos da primeira parte
— a única personagem apresentada em evolução é a Salta-Pocinhas, que envelhece e aumenta a sua astúcia
— os lugares e os tempos não parecem ter papel relevante na narrativa

— certa irradiação tem também o pólo 'procura de sustento' que complementa a bipolaridade 'fome/sede' vs 'fartura'
— as irradiações dos núcleos 'dança' e 'canto' parecem estar relacionados com momentos de satisfação, alegria, zombaria, o primeiro também com a civilidade, o segundo também com momentos difíceis.

6. MARCAÇÃO

6.1. As estratégias de marcação

Se o emissor quer que o receptor de um comunicado preste especial atenção a certo elemento trata de a dirigir para este. Chamo ao uso destas estratégias *marcação* e *elementos marcados* àqueles aos quais elas se aplicam. Todo o elemento de um comunicado (noema, functema, lexema, proposição, etc.) pode ser marcado. Meios para marcar podem ser:

— a *repetição* de um elemento, de uma parte dele ou de um conjunto de elementos. No *Romance da Raposa* insiste-se por exemplo na manha da Salta-Pocinhas repetindo que é *matreira* (9, 13, 17, 61, 70, 115, 113), *embusteira* (9, 65), *trapaceira* (35, 47, 57), *arteira* (84), *de muitas tretas* (29, 78). Os termos «*f*raquinho e *f*ugidio» (22) ou *t*remia... *t*ranquila» (45) são ressaltados pela aliteração. A dificuldade da Salta-Pocinhas em vencer as abelhas é marcada pela repetição dos ataques e contra-ataques (52-53). Uma forma de repetição é também a exemplificação (cf. 3.1). A marcação por repetição é inversamente proporcional à quantidade de informação: uma forte marcação por repetição torna difícil uma descrição pormenorizante, por outro lado numa descrição pormenorizante é difícil marcar cada pormenor;

— a *comparação* (cf. 3.1.) *não admirativa* com que se põe em relevo o qualitema atribuído a um eiconema comparando-o com outros eiconemas e verificando que o primeiro possui o qualitema em grau superior («(sc. a Salta-Pocinhas) Mais esperta que um pele-vermelha» (59));

— a *comparação admirativa,* pela qual se compara o elemento a marcar com um objecto ou fenómeno que em geral nos inspira admiração (ouro, púrpura, mel, lírio, falcão, águia, cisne, vulcão, tormenta, mártires, heróis, divindades, etc.) e se afirma que as qualidades do primeiro são iguais ou até superiores às de segundo. Assim «O Pé-Leve saiu um azougue de finura» (14), o pai raposo «foi levado... a fazer grande alarde de ligeireza e coragem que possuíra nos bons tempos, quando estafava um galgo na carreira» (16), «O sol nasceu, derramou sobre os montes a sua chama, mais branda e doirada que azeite fino» (82);

— o *simbolismo concretizante* como no seguinte passo: «A Salta-Pocinhas foi trapaceira? Foi, que enganou o lobo. A Salta-Pocinhas foi lambisqueira; Foi, que bifou a fressura ao lobo. A Salta-Pocinhas assassinou? Alto aí. Quem assassinou o teixugo foi o lobo, que tem mais de bruto que de astuto, e é por igual grotesco e barbaresco, pirata e patarata, caprichoso e maldoso. Arrancai a *língua* à raposa, o *coração* e os *miolos* ao lobo, frigi tudo e deitai-o aos cães se quereis viver em paz» (47), onde a língua marca a manha e a procura de sustento da raposa, o coração a barbaridade e os miolos a estupidez do lobo;

— o *contraste* (cf. 3.1.), em que podem ficar ressaltados os dois elementos contrastados ou só um deles, isto quando há outras indicações de que este é o elemento marcado. Assim, em «mestre Vicente, amigo de infância... *tremia* pela sua (sc. da Salta-Pocinhas) vida, (a Salta-Pocinhas) se quedou *tranquila*» (45) o contraste 'tremer' vs 'tranquila' sublinha a tranquilidade da Salta-Pocinhas, sendo esta a personagem marcada;

— a *marcação posicional,* com que se colocam os elementos a marcar nas posições que mais chamam a atenção do receptor: princípio/de/um/comunicado/capítulo/estrofe/frase/verso/ /hemistíquio, final de um comunicado/capítulo/capítulo/ /estrofe/frase/verso/hemistíquio, sílabas acentuadas de um verso ou de uma frase (na prosa rítmica):

— a *surpresa* o decepção do horizonte de espera. Neste caso muda-se a ordem 'normal' dos lexemas (hipérbato), separam-se em versos diferentes (encavalgamento) ou com pausa forte na prosa elementos da mesma frase, muda-se repentinamente o ritmo, usam-se combinações noémicas (em particular comparações) inusitadas (cf. «as temíveis ginetas de farda casquilha e *cauda em cedilha*» (44)), apresentam-se aporias ('até um cego teria visto'), dá-se uma informação que depois se verifica falsa («Ouvi dizer que o teixugo Salamurdo pilhou pata. Vai-te lá, que é esmoler» (19) vs «o teixugo descaroável» (38));

— a *tensão*, em que a passagem de uma proposicão para outra, esperada consequência da primeira (em particular de 1/ para S1/S3 num textóide transformativo) ou a solução de um contraste ou de uma disjunção (P1 x P2, P1 V P2, TX1 V TX2) são adiadas o mais possível. Assim no primeiro capítulo da segunda parte a Salta-Pocinhas, apesar da fome dos cachorros, ainda com medo depois da morte do raposão, recolhe-se três vezes para a toca antes de sair à caça: esta é de certa monta só depois da quarta tentativa de apanha algum bicho. Com isto sublinha-se o medo temporário da Salta-Pocinhas e a dificuldade em arranjar comida;

— os *títulos* de obras e capítulos, que, graças à sua posição inicial e isolada, podem com muita força chamar a atenção do receptor sobre os elementos por eles designados;

— a *extensão relativa*, pela qual se dedica a um elemento, por exemplo à descrição de uma personagem, mais proposições que a outros;

— a *intertextualidade* (cf. 8.1.).

Note-se que estes meios podem combinar-se e ainda que às vezes o emissor chama a atenção sobre um elemento para poder introduzir 'subrepticiamente' outro que lhe é mais importante mas que por um motivo ou outro é bom 'esconder'.

6.2. As principais marcações no Romance da Raposa

No *Romance da Raposa* encontramos as seguintes marcações de maior evidência:

a) por repetição são marcados os textóides que informam uma procura de sustento e, embora em menor medida, os que informam uma história de vingança (cf. 4.4); os campos semânticos da 'fartura', da 'fome/sede', da 'astúcia', da 'imbecilidade' e, embora em menor medida, os da 'caça', da 'ofensa', da 'vingança', da 'dança' e da 'música' (cf. 5.2);

b) por contraste são marcadas as personagens da Salta-Pocinhas e do lobo Brutamontes, ressaltando a sagacidade da primeira e a burrice do segundo; a Salta-Pocinhas e o urso, ressaltando o dinamismo da primeira e a estaticidade do segundo; a civilidade da Salta-Pocinhas e do teixugo por um lado, a barbaridade do lobo pelo outro (cf. 5.2);

c) por marcação posicional são marcados: a personagem da Salta-Pocinhas (começo e fim da obra, 13/166); os campos semânticos da 'fome' (começo da obra, 13; começo cap. III da segunda parte, 119 começo cap. V/2, 145), da 'caça' (começo da obra, 13) e da 'fartura' (fim da obra, 166; fim cap. II/1, 41; fim cap. VI/1,84;fim cap. I/2,99, fim cap. II/2,118; fim cap. III/2,128; fim cap. IV/2, 143); os campos semânticos da 'ofensa' e 'vingança' (fim cap. III/1,56; começo cap. IV/1, 57; fim cap. IV/1, 65);

d) por surpresa são marcadas: a dificuldade da Salta-Pocinhas em arranjar comida e abrigo em TX1/TX2, cuja procura é interrompida por separação em capítulos (I e II da primeira parte); as tentativas de vingança do lobo, distribuídas em dois capítulos (III e IV da primeira parte), a última vez informada contra o que era de esperar por uma sucessão atextóidica (TX13); a lição de dança para o lobo, distribuída em dois capítulos (V e VI da primeira parte); a juventude e a maior idade da Salta-Pocinhas, narradas em duas partes separadas da obra (primeira e segunda parte);

e) por tensão são marcadas muitas passagens de I para S2 nos textóides que informam uma procura de sustento (cf. 4.4.);

f) pelo título e subtítulos (*Romance da Raposa, A Raposinha, A comadre*) são marcadas a personagem da Salta-Pocinhas e as suas aventuras;

g) por extensão relativa são marcadas: a procura de sustento da parte da Salta-Pocinhas; as qualidades dela; em menor medida: as tentativas de vingança do lobo e as qualidades dele.

7. A CONOTAÇÃO

7.1. O conceito de conotação

Os lexemas, além de darem expressão aos noemas, podem veicular informações sobre a mundividência ou cosmovisão sincera ou fictícia do emissor e sobre o valor moral que este atribui aos fenómenos a que se refere. Chamo a este género de informações *conotação*, opondo-o à informação puramente referencial, a que chamo *denotação*. Assim o lexema *corja* denota um grupo de pessoas e conota esse grupo com a valoração 'baixo, grosseiro'. A conotação pode ser expressa (a) por lexemas que ao mesmo tempo têm função denotativa (como *corja*), (b) por lexemas especiais como os sufixos pejorativos ou (c) pela ironia. Nestes casos usam-se os lexemas com significação contrária ao que no íntimo pensamos (por exemplo dizendo a um péssimo aluno: 'És um óptimo aluno, não há dúvida!') ou emprega-se certo tipo de vocabulário em situações não condizentes (por exemplo o uso de uma linguagem sacral numa situação dessacralizada).

7.2. A conotação no Romance da Raposa

No *Romance da Raposa* aparecem cinco tipos evidentes de conotação:

a) O grande uso de jogos fonéticos e semânticos (como a rima, a aliteração, a paronomásia, as comparações inesperadas, etc., cf.: «o lobo, que tem mais de br*uto* que de as*tuto*, e é por igual gro*tesco* e barba*resco*, *pira*ta e *pata*rata, caprich*oso* e mal*doso*» (47); cf. também 11.1) transporta-nos para uma cosmovisão de brincadeira e de gozo.

b) Esta cosmovisão de gozo é contrabalançada por uma veia de bucolismo melancólico veiculada por frequentes, às vezes rápidas às vezes detidas paisagísticas:

— «Enovelada na toca, a raposeta recordava, cheia de saudade, os bons tempos. Ah, cães de Nisa, como depois duma noite de rapina lhe era doce o repouso das manhãs, com os povos, lá ao largo, quais colmeias a zumbir, os carros de bois a chiar e o canto dos galos saudando o Sol nas alturas!» (59)

— «Estava a romper o dia. A névoa que pousava sobre a ribeira esfarrapava-se, e pela planície iam flutuando fiapos, brancos e mansos como gansos a voejar à flor dum lago. Já se ouvia o canto madrugador da cotovia, mas no céu, para bandas do Norte, faiscava ainda a estrela da manhã, como dália de oiro num açafate de prata.» (77)

— «Quando cada pé de milharal, de pendão ao alto e barbaçudo, parece um Barba-Ruiva em sobérbia» (120), etc.

c) Falando da Salta-Pocinhas os outros bichos usam expressões conotadas pejorativamente, significando assim o seu desprezo para com ela: «as raposas são uma corja de invencioneiras, trapaceiras, e disso não passam» (diz o teixugo, 35), «aquele mal-intencionado bicho fede que tresanda... as emanações do traste» (teixugo, 36), «envenena meio mundo ao que cheira de mal» (lobo, 62), «já o demo da feiticeira aqui vem!» (outras raposas, 126), etc. Note-se que é a qualidade de feder, considerada desprezível pelos outros bichos, que permite à Salta-Pocinhas enganar os cabreiros e bifar-lhes o melhor borrego (cf. TX23, p. 116-118, em particular, p. 117: «Paulo ergueu-a (sc. a Salta-Pocinhas), mirou-a, pô-la à flor das ventas a cheirar: — Está podre. Fede que tresanda!»). Como é exactamente pelas suas qualidades, embora desprezadas pelos outros bichos, que a Salta-Pocinhas consegue, em contraposição a eles, governar a própria vida, no leitor esta conotação fica neutralizada.

d) Falando a Salta-Pocinhas ou o narrador dos outros bichos, em geral logrados, aparecem usados sufixos pejorativos ou irónicos, o que os conota com certo desprezo:

— «do teixugo diz-se que é «narigudo, barrigudo» (31), que é um «bicharoco» (31), que tem «as pernocas curtas» (33) e traz «calçotes de veludo» (33);
— ao lobo aparentemente morto são-lhe atribuídos «todos os nomes feios em ão! ão! ão!» (64);
— de um láparo diz-se que é «dorminhoco» (93), que dorme a sua «soneca» (94), que se quer vê-lo «a saltaricar» (94); etc.

e) Em muitas ocasiões usa-se a linguagem em situações dessacralizadas, o que conota negativamente o clero:

— «Lá continuava o urso sábio, de plantão, cabeçorra erguida — à espera que lhe caíssem as castanhas do céu — negro, monástico, estático, como eremita a rezar» (25);
— «o canto dos galos saudando o Sol nas alturas» (59);
— «Mas lá porque estivesse farta, de braços cruzados (!), palonça, deixou partir um musaranho que se lhe viera meter nas pernas, responsando o imprudente: — Vai, vai, desta estás perdoado!» (69; repare-se que o termo *responsar* está já de per si conotado eclesiástica ou pejorativamente ('rezar responsos' vs 'falar mal de'));
— «Altas horas, estava ele (sc. o cavalinho) a malucar sobre o grande pecado de ter fugido» (71; porque queriam deitar-lhe a sela);
— «Recuando uns tantos passos, desatou a raposa a cantarolar, para depois vir por ali abaixo com solfejos doces, pianinhos, como S. Francisco aos passarinhos: Eu vos juro, Pai dos Bichos,/Não fazer mal a ninguém;/Laparoto desgarrado: levo-o pra casa da mãe!» (93);
— «Acabou-se para todo o sempre a vida triste que levava. Agora rezo, durmo, como boa papança que os outros amanham. Já não tenho que me incomodar... O meu único trabalhinho é desfiar o rosário...» (115; descrição invencioneira que a Salta-Pocinhas faz a uma lebre para a enganar);
— «Quis ainda a sábia raposa versar naquele segundo dia o preceito da moral: não regougar em vão, mas os discípulos bocejavam e mandou-os sair» (150);
etc.

8. A INTERTEXTUALIDADE

8.1. O fenómeno da intertextualidade

A intertextualidade é o fenómeno de, dado um certo comunicado ou texto T1, nele aparecerem características, elementos, fragmentos de outros(s) texto(s) ou outro(s) texto(s) inteiro(s) (= T2). Chamo a T2 *intertexto*. Entre os vários tipos de intertextualidade possíveis lembro os seguintes:

— T1 aproveita características formais (tipo de estrofes, de rima, de prosa, de enredo, etc.) comuns a um conjunto de outros textos (T2 = *intertexto genérico*);
— T1 aproveita fragmentos ou a totalidade de textos pertencentes ao saber colectivo (mitos, fábulas (de Esopo, Fedro, La Fontaine), contos populares, provérbios, etc.; T2 = *pré-texto colectivo*); o pré-texto colectivo é amiúde aproveitado em forma de *topos* ou *motivo*, quer dizer como repetição do que certo ser faz/sente em certa situação ou da utilização de certo objecto em certa situação;
— T1 aproveita fragmentos ou a totalidade de textos de autoria individualizada (T2 = pré-texto individual);
— T1 aproveita elementos biográficos do emissor ou de outra pessoa considerados como constituírem uma história («por doquiera que el hombre vaya lleva consigo su novela» nota o romancista espanhol B. Pérez Galdós no seu romance *Fortunata y Jacinta*, I/3/3; T2 = *biotexto*);
— elementos de T1 aparecem noutros textos do mesmo autor (T2 = *intertexto autorial*);

— T1 contém ficticiamente um outro texto (um conto, a descrição de um quadro, etc.) inventado pelo mesmo autor (T2 = *intertexto intratextual*);
— T1 é traduzido para outra língua (T2 = *transtexto verbalizado*);
— T1 é taduzido em imagens (T2 = *transtexto icónico*).

No caso da utilização de um pré-texto o que geralmente mais se aproveita são a atribuição de certas qualidades/acções a certos seres, as histórias de certas personagens e as comparações/metafóricas.

As relações entre T1 e T2 podem além de mais apresentar os seguintes aspectos:
— T1 aceita as características estruturais de T2;
— T1 aproveita, mas transgride as características estruturais de T2;
— T1 cita T2;
— T1 aproveita um fragmento de T2 reduzindo-o;
— T1 aproveita um fragmento de T2 amplificando-o;
— T1 aproveita um fragmento de T2 modificando-o por equivalências funcionais (atribui por exemplo qualidades/acções típicas de certa personagem a outra considerada equivalente (leão → lobo) ou substitui uma acção por outra equivalente (apanhar uvas → apanhar figos);
— T2 traduz fielmente T1;
— T2 traduz livremente T1;

A presença de fenómenos intertextuais pode ter entre outras as seguintes funções:
— referindo-se a um intertexto genérico o autor pode despertar desde o início certas expectativas do leitor e guiar assim a sua leitura sobretudo quando o intertexto genérico está dominado pelo uso de certas regras (como no caso do soneto, da ode, do romance, etc.);
— transgredindo as características do intertexto o autor pode pôr em causa a validez delas ou pôr em evidência as possibilidades de novas estruturas;
— citando um pré-texto colectivo (portanto já conhecido) o autor pode facilitar a compreensão do texto;

— aproveitando positivamente um pré-texto o autor pode confirmar, esclarecer e renovar a validez das informações dele; o pré-texto tem neste caso função marcativa (cf. 6.1.);
— aproveitando negativamente um pré-texto o autor pode negar a validez das informações dele;
— o intertexto intratextual dá a solução para a interpretação de T1 (para o conceito de interpretação cf. 9.4.);
— aproveitando o biotexto o autor pode sublimar elementos que ele considera particularmente importantes; a presença de um biotexto pode ser indício de marcação (cf. 6.1);
— a repetição de elementos em vários textos do mesmo autor pode ser indício da sua marcação (cf. 6.1.);
— o transtexto icónico pode esclarecer ou marcar certos aspectos de T1;
etc.

8.2 Fenómenos de intertextualidade no Romance da Raposa

Prescindindo de intertextualidades menores (como alusões a textos eclesiásticos (cf. 7.2 (e)), a ditos populares (cf. «A pulga que dá o pulo na balança e põe-se em França» (126)), talvez a Gil Vicente (a raposa que anda às cavaleiras do burro do lobo cantando recorda o final da *farsa de Inês Pereira* onde a Inês anda às costas do marido cuco cantando (142-143)) e ao cavalo de Tróia (a raposa consegue entrar no campo onde está a figueira sem ser vista pelos ceifeiros abrigando-se com o vulto do cavalo, cf. TX14, p. 67-69; nas *Marginália* o autor alude à «astúcia de Ulisses», p. 170), etc.), os fenómenos de intertextualidade de certo relevo que encontramos no *Romance da Raposa* estão relacionados com o intertexto genérico, o pré-texto colectivo, o biotexto e o transtexto icónico.

O facto de Aquilino intitular a obra *Romance da Raposa* põe-na em relação com o género 'romance', que desperta a expectativa de predomínio de histórias transformativas e eventualmente sucessivas e de um certo equilíbrio entre mimese e trasfiguração da realidade. Estas expectativas são plenamente confirmadas: a obra estrutura-se fundamentalmente em textóides narrativos (cf. 4.4) e a aparente

103

fantasia aparece bem ligada à realidade da vida quotidiana. Aliás, já o autor faz observar no prólogo: «Em harmonia, pois, com as leis da poesia e da ciência natural, não fiz da raposa princesinha. Personagem histórica, para mais, era meu dever não falsificá-la. Representa, tal como vem da fábula, no guinho com os outros bichos, a todos os quais dei voz, com licença de mestre Esopo. E dei-lhes voz para melhor manifestarem o que são, e nunca para com eles aprendermos a distinguir bem e mal, aparências ou estados, pouco importa, atribuídos exclusivamente ao rei dos animais, como nos jactamos de ser» (8).

A intertextualidade mais forte é com o mundo das fábulas como foram recolhidas por Esopo, Fedro e La Fontaine. Para os fins da comparação sigo a versão deste último (citando-o por LF; os números romanos indicam os livros das suas fábulas, os algarismos árabes o número da fábula. Estas fábulas voltamos a encontrá-las, em parte, também na recolha de *Contos populares e lendas* coligidos por J. Leite de Vasconcellos (Coimbra, 1964, vol. I, p. 9 ss).

No que respeita à atribuição de certas qualidades a certos seres o pré-texto sublinha a astúcia e a paixão caçadora da raposa (a) e a burrice, a glutonaria, a crueldade e a vaidade do lobo (b):

a) «L'autre c'était passé maître en fait de tromperie» (III, 5)
«Grand croqueur de poulets, grand preneur de lapins» (V, 5)
«Le renard ménager de secrètes pratiques» (V, 19)
«J'ai cent ruses au sac» (IX, 14)
«Vieux routier, et bon politique» (XI, 1)
«C'est d'exceller en tours pleins de matoiserie» (XI, 6)
«Renard fin, subtil et matois» (XII, 13)
«Eut recours à son sac de ruses scélerats» (XII, 18)

b) «cette bête cruelle» (I, 10)
«il faut que je me venge» (I, 10)
«Il ne put du pasteur contrefaire la voix» (III, 3; não sabe fingir)
«Les loups mangent gloutonnement» (III, 9)
«Certain loup, aussi sot que le pêcheur fut sage» (IX, 10)
«le glouton» (IX, 19)
«Le loup fut un sot de le croire» (XI, 6)
«sa vanité» (XII, 17)

Quanto ao aproveitamento das 'histórias' apresentam-se os seguintes paralelismos:

— Aquilino cita de maneira reduzida a história das rãs que pedem um rei (LF III, 3; *Romance da Raposa,* 120) para subinhar que a Salta-Pocinhas avança tão silenciosa que as rãs continuam a coaxar. Esta alusão como algumas das seguintes obriga-nos a relacionar o *Romance da Raposa* com a tradição fabulística.

— Os truques de fingir-se morto e de disfarçar-se são atribuídos em LF ao gato (III, 18: o gato uma vez finge-se morto e outra enfarinha-se, tendo êxito, excepto com um velho rato sabedor) e ao burro (V, 21: o burro cobre-se com uma pele de leão mas é descoberto). No *Romance da Raposa* o truque de se fingir morto é atribuído à Salta-Pocinhas (com êxito, cf. TX23, p. 116-118) e ao lobo (sem êxito, cf. TX13, p. 63-65; o truque do disfarce é atribuído à Salta-Pocinhas, em geral com êxito (cf. TX10/52-56, TX12/58-62, TX32/152--154, TX33/157-160). Desta maneira ficam mais focalizadas a manha da raposa e a burrice do lobo.

— O facto de à boa vida, mas levada sem previdência, suceder a desgraça, historiado na fábula da cigarra e da formiga (LF I, 1) e sintetizado nos noemas 'cantar' e 'dançar' («Vous chantiez? j'en suis fort aise:/Eh bien, dansez maintenant») é retomado duas vezes por Aquilino. Nos bons tempos a Salta-Pocinhas «não raro, acordava da sesta a um conquericó mais alto. E em sua alma maliciosa sorria: — Canta, que talvez dances!» (59). Um dia «o raposão teve a pouca sorte de ficar em ferros. — Cantas!? — dizem em ar de troça os bichos domésticos para o desgraçado a uivar. — Breve danças!» (fig. 4). Com a segunda transposição indica-se que a vida da família da Salta-Pocinhas às vezes é muito difícil.

— Na fábula *Les obsèques de la lionne* (LF VIII, 14) o cervo paga o leão com agradáveis mentiras e o narrador conclui: «Amusez les rois par des songes, /Flattez-les, payez-les d'agréables mensonges./Quelque indignation dont leur coeur soit rempli,/Ils goberont l'appât, vous serez leur ami». No *Romance da Raposa* é a Salta-Pocinhas que paga o lobo com agradáveis mentiras:

«— ... Olhe, não viu a raposa Salta-Pocinhas?
— Encontrei-a a enganar o vizo-rei.
— Ah! de outro bosque? A mim não enganava ela...

— Enganar Vossa Mercê?! Quando eu deixar de ser bicho-palheiro poderá a raposa entrar com o meu senhor.
Folgou muito o lobo com a graça e, sempre que o bicho-palheiro ali vinha matar a sede — o que sucedia dia por dia — se entretinham ambos em amistoso convívio, trincando à mesa real» (55).
Desta maneira fica sublinhada a vaidade estúpida do lobo.
— A fábula *Le loup plaidant contre le renard par-devant le singe* (LF II, 3), onde o macaco demonstra a culpabilidade dos dois, é retomada no nosso romance quando o urso assume a função que na fábula tinha o macaco (p. 47; cf. 6.1. simbolismo concretizante), mas pondo em relevo a astúcia e gula da Salta-Pocinhas e a burrice do lobo.
— Na fábula *Le lion, le loup et le renard* (LF VIII, 3) a raposa vinga-se do lobo que a denunciou ao leão aconselhando a este que «D'un loup écorché vif appliquez-vous la peau/Toute chaude et toute fumante». No nosso romance a raposa usa o mesmo estratagema para se vingar do teixugo que a denunciara ao lobo (cf. TX6, p. 40).
— Na fábula *Le lion malade et le renard* (LF VI, 14) a raposa não se atreve a entrar no antro do leão, vendo que «les empreints sur la poussière/Par ceux qui s'en vont faire au malade leur cour,/Tous sans exception regardent sa tanière;/Pas un ne marque de retour». No *Romance da Raposa* a Salta-Pocinhas, «desenganada, a tudo perder ou ganhar», oferece os seus serviços ao lobo doente (38-40), ficando assim ressaltada a sua coragem.
— Na fábula *Le renard et les raisins* (Lf III, 11) a raposa esfomeada não consegue apanhar as uvas e tem de se contentar com uma automentira («Ils sont trop verts, dit-il, et bons pour des goujats»). No nosso romance, abrigando-se com o vulto do cavalo para não ser vista pelos ceifeiros, a Salta-Pocinhas consegue subir a uma figueira e fartar-se de figos lampos (69). Focaliza-se assim a sua superior astúcia.
— Na fábula *Le loup et le renard* (LF XI, 6) a raposa consegue convencer o lobo de que a lua que se reflecte na água é um queijo caído num poço só depois de se ter enganado ela mesma.
No nosso romance a raposa concebe logo a ideia de enganar o

lobo convencendo-o que o queijo do almoço dos mateiros caiu num charco enquanto que se trata da lua a reflectir-se nele (134-139). Também neste caso fica potenciada a astúcia da Salta-Pocinhas com respeito ao texto de La Fontaine.

— O lobo que se posta duas vezes à fonte (*Romance da Raposa,* 50-51, 57) recorda a fábula *Le loup et l'agneau* (LF I, 10). Mas enquanto que no pré-texto lafontainiano o lobo consegue a sua vingança injustificada apanhando o cordeiro, no nosso romance o lobo não chega a satisfazer a sua vingança justificada porque a Salta-Pocinhas o engana. Assim fica ressaltada a burrice do lobo.

— O cavalo que escaqueira o focinho do lobo aparece em La Fontaine duas vezes: uma quando o lobo se finge médico para apanhar o cavalo (LF V, 8), a outra quando a raposa convence o lobo que o cavalo é um animal novo cujo nome está escrito no seu casco (LF XII, 17). Aquilino amplia a história em forma de combate entre os lobos e os cavalos (cf. TX17, p. 79-82), com que sublinha a burrice multiplicada dos lobos.

Do biotexto do autor parecem relevantes para o romance os seguintes dados (para a biografia de Aquilino veja-se por exemplo o livro de M. Mendes, *Aquilino Ribeiro: a obra e o homem*, Lisboa [2], p. 31-42):

— Frequentou o Seminário de Beja, do qual foi injustamente expulso. Com este acontecimento pode estar relacionada a descrição irónica de um convento nas páginas 114-115 (cf. em particular a declaração da Salta-Pocinhas: «professei já num convento». A relação tensa com o mundo da Igreja reflecte-se na conotação anticlerical (cf. 7.2. (e)).

— Aquilino participou activamente no movimento republicano. Com este facto pode estar relacionada a história dos bichos que proclamam a república (cf. TX13, p. 63).

— Antes de 1924, ano em que foi publicado pela primeira vez o *Romance da Raposa,* Aquilino foi preso uma vez em 1907 em relação com as ofensivas do movimento republicano, mas conseguiu evadir-se e fugir para Paris. Com estes acontecimentos pode estar relacionada a história do emparedamento e da fuga da Salta-Pocinhas (cf. TX22/Tx23c, p. 101-112).

O *Romance da Raposa* foi ilustrado por Bejamim Rabier com figuras pequenas e algumas de página inteira (entre as páginas 16-17, 40-41, 80-81, 96-97, 120-121, 152-153). Quase todas concretizam/ /exemplificam situações narrativas da obra, pondo assim o acento sobre a narração. Nalguns casos as legendas das gravuras contêm, explícitas, indicações que faltam no texto, como por exemplo a proposição I do textóide TX6 na primeira gravura de plena página.

Resumindo os dados arrojados pelo estudo da intertextualidade podemos concluir:

— a intertextualidade genérica e irónica faz ressaltar a narratividade da obra;
— a intertextualidade colectiva marca a astúcia da Salta-Pocinhas e a burrice do lobo;
— a intertextualidade biográfica chama a atenção para o anticlericalismo da obra, o seu republicanismo e a procura de liberdade; aponta além disso para a Salta-Pocinhas como porta-voz do autor.

9. A SEMIOSE

Chamo *semiose* à operação de dar um sentido a um comunicado. Este processo realiza-se pela procura do tema do comunicado, pelo estudo da sua orquestração, pela eventual procura da mensagem da obra e pela procura da sua aplicabilidade denotativa.

9.1. O tema

O tema ou informação essencial de um comunicado é aquilo de que o autor quer falar. Em última análise consiste numa ou mais proposições básicas da textura das quais depende toda a 'arquitectura' da obra, i. é aquela proposição básica ou aquelas proposições básicas em função da qual/das quais estão todas as outras. Normalmente pode-se explicitar o tema numa ou nalgumas proposições básicas em que se atribui com certo grau de probabilidade um qualitema bastante abstracto (uma qualidade) a um sujeito (a uma personagem ou a um objecto), como por exemplo: X) amar) Y) 100%); X) amar) Y) 100%), mas Y) amar) X) 0%); X) vingar-se) de Y) 100%); X) muito/ /astuto) 100%); X) muito/constante) 100%); etc. Exemplificando de maneira mais concreta: a decepção amorosa de Emma; a vingança de Raoul de Cambrai; a astúcia da raposa; a grande constância de Griselda; etc. Um comunicado pode veicular mais do que um tema.
Como porém, havendo mais temas, a atenção do receptor fica dispersada e a compreensão do comunicado dificultada, em geral os autores limitam-se a expor um único tema. Podemos assim dizer que a construção de um comunicado consiste normalmente no desenvolvimento ilustrativo de uma *proposição básica temática*.

Para que o receptor identifique esta proposição básica temática o emissor utiliza vários meios mais ou menos evidenciadores (como a procura do tema pode ser uma fonte de prazer estético o emissor pode limitar-se a dar pistas não sempre fáceis de descobrir) como por exemplo:

— anunciar o tema numa introdução
— recapitular o tema numa conclusão
— condensar o tema no título
— colocar a proposição temática no textóide mais desenvolvido
— desenvolver a proposição temática com grandes redundâncias sobretudo sinonímicas e contrastivas
— colocar o tema em posição de relevo
— dar mais peso descritivo ao eiconema do sujeito da proposição temática do que a todos os outros
— desenvolver tonicamente o qualitema do predicado da proposição temática em maior grau do que os outros qualitemas etc.

Para encontrar o(s) tema(s) de uma obra pode-se proceder da seguinte maneira:

— se a obra não contiver textóides é preciso recorrer à análise dos campos semânticos;
— se a obra contiver mais textóides ou arquitextóides é preciso ver se um deles é o textóide nuclear em função do qual podem ser explicados todos os outros; o tema estará contido então no textóide nuclear;
— se a obra contiver mais textóides nucleares é provável que tenha mais temas;
— se a obra contiver um único textóide/arquitextóide que informa toda a sua estrutura o tema estará incluído nele;
— se existir um textóide nuclear é preciso ver quais são os campos semânticos mais desenvolvidos; se houver personagens é mister ver quais são aquelas cujas qualidades estão melhor descritas. Se não existir nenhum textóide o tema pode encontrar-se procurando o(s) campo(s) semântico(s) mais desenvolvido(s). Considerando estes é necessário verificar se os outros podem explicar-se em função deles. Neste caso a proposição/as proposições que contem/contêm o(s)

núcleo(s) do(s) campo(s) semântico(s) mais desenvolvido(s) corresponde(m) ao tema;

— a marcação, a conotação e a intertextualidade devem em geral confirmar o tema hipotizado (excepto nos casos em que o autor, qualquer que seja o motivo, quiser velar o tema): a proposição que contém o tema *(proposição temática)* deve normalmente conter também os elementos mais marcados.

Uma vez encontrada(s) a proposição/as proposições temática(s) deve-se tratar de explicar todas as outras informações em função dela(s).

Aplicando estas operações ao *Romance da Raposa* verificamos que:

— o arquitextóide mais desenvolvido e em função do qual parece serem explicáveis os outros é o arquitextóide que informa a história da Salta-Pocinhhas à procura de sustento (cf. 4.4.);

— dos functemas das proposições deste arquitextóide, os mais desenvolvidos são Q de S1 ('fome/sede' e Q de S2 ('farto'), acabando quase sempre os textóides com bom êxito (cf. 5.2);

— a personagem melhor descrita do arquitextóide é a Salta-Pocinhas; a sua qualidade predominante é a sagacidade (cf. 5.2.);

— a marcação, a conotação e a intertextualidade confirmam a maior relevância destas informações sobre todas as outras (cf. 6.2., 7.2., 8.2.).

Partindo destes dados podemos portanto estabelecer as seguintes proposições temáticas:

P1: A Salta-Pocinhas é muito sagaz, por isso P2: a Salta-Pocinhas governa-se bem na vida.

Este tema é aliás confirmado por várias sentenças insertas ao longo da obra:

— diz a mãe à Salta-Pocinhas: «quem não trabuca não manduca» (14)

— diz o pai à Salta-Pocinhas: «Quem houver de levar a vidinha segundo as regras do amor ao pêlo precisa de lume no olho» (15)

— pensa de si mesma a Salta-Pocinhas: «Bicho ganhão, bicho labregão» (30)

— diz a Salta-Pocinhas ao lobo: «é preciso saber de tudo... exige a boa educação» (74).

9.2. A orquestração do tema

Encontrado o tema ver-se-á (a) como é desenvolvido e (b) se as outras informações podem realmente explicar-se em função do tema. Com isto põe-se a nu a construção ou orquestração do tema, com o que não só se confirma se o tema em hipótese é o tema real, mas também se objectiva a fonte de prazer que pode representar a re--construção da obra.

Já nos primeiros dois capítulos da primeira parte encontramos desenvolvido todo o tema em forma de seis textóides transformativos (cf. TX1 — TX6). A Salta-Pocinhas, que teve de abandonar a casa dos pais, encontra-se esfomeada e sem abrigo. Depois de muitas andanças e de pedir em vão comida a vários bichos (ao Pé-Leve, à fuinha e ao teixugo), consegue comida abundante e abrigo enganando o lobo. Lidos estes dois capítulos o leitor poderia perguntar-se se o tema não está com isto esgotado. O tema, porém, tem validade só se:

— a Salta-Pocinhas conseguir assegurar o sustento ao longo de toda a vida e em particular se conseguir uma fonte de sustento definitivo;

— a Salta-Pocinhas conseguir superar todo o género de dificuldades

— a sagacidade da Salta-Pocinhas for apresentada nos seus múltiplos aspectos.

É assim que:

— Os textóides e as sucessões atextóidicas que informam uma procura de sustento/abrigo da parte da Salta-Pocinhas se repetem ao longo da obra (cf. TX1, TX2, TX10, TX12,

TX14, TX18, TX21, TX23, TX24, TX25, TX26, TX27, TX29, TX31, $\overline{TX}$32, TX33, TX34, TX34c). Estas procuras acabam todas com êxito, excepto TX31 e $\overline{TX}$32 (êxito parcial). A razão de o êxito ser relativado pouco antes do fim da obra é para pôr em maior relevo a consecução de sustento definitivo em forma de pensão vitalícia narrada no capítulo final. Outras vezes o êxito vem apresentado em forma de um crescendo (cf. TX20 e TX23).

— Salta-Pocinhas encontra todo o género de dificuldades: os bichos recusam dar-lhe comida (TX1, TX31, TX33), o lobo quer vedar-lhe a água da fonte e apanhá-la (TX9, TX11), os ceifeiros poderiam descobri-la (TX14), o maioral não aceita o contrato que a Salta-Pocinhas lhe propõe (TX18c), o bicho-homem empareda-a (TX22). Com as suas manhas a Salta-Pocinhas consegue vencer sempre as dificuldades, também a a mais terrível, a prisão.

— Para conseguir sustento e abrigo a Salta-Pocinhas aplica as artes mais variadas: aconselha ao lobo um falso remédio (TX1), disfarça-se de diferentes maneiras (de bicho-palheiro (TX9), de lagarta das couves (TX11), de mendiga ($\overline{TX}$32), de papão (TX33), convence o cavalo de que ela tem cataratas e abriga-se com o vulto do cavalo para não ser vista pelos ceifeiros (TX14), oferece um contrato ao maioral (TX18c) e ao bufo (TX22c), finge-se ferida de morte para que o gato bravo venha fazer-lhe o testamento e caia na ratoeira armada pelo homem à entrada principal da sua toca (TX22), finge-se morta (TX23), dá consultas médicas (TX25, TX26c), alia-se com o lobo (TX27), abre uma escola (TX31), propõe um contrato de pensão vitalícia aos bichos silvestres todos (TX34c). A variedade das manhas explica a presença na textura básica de várias textóides compensatórios.

— Mas a sagacidade da Salta-Pocinhas é geral. Quando não precisa de sustento zomba dos animais inespertos ou brutos: pelas suas artimanhas o lobo é desmascarado quando se finge morto ($\overline{TX}$13) e apanha uma tareia dos cavalos ($\overline{TX}$17) e dos mateiros (TX28/29); etc.

— A Salta-Pocinhas é a única personagem que é apresentada nas suas várias idades repartidas em juventude (primeira parte) e

113

maioridade (segunda parte). Apesar de a caducidade física aumentar, esta é contrabalançada pela astúcia que era «cada vez mais sabida e apurada» (119) o no fim «possuía o engenho do homem e as manhas dos animais silvestres» (158). O seu dinamismo é aliás ainda ressaltado pelo contraste com a estaticidade do urso (cf. 5.2.).

O autor desenvolve o tema de maneira predominantemente narrativa: tanto a sagacidade como o governo da própria vida são informados sobretudo por textóides transformativos ou sucessivos (cf. 4.4.). O bom governo da vida é dinamizado essencialmente como movimento da Salta-Pocinhas ('caçar') entre os polos 'fome/sede' e 'fartura' com maior desenvolvimento do segundo, subdividido em quatro subnúcleos (cf. 5.2. (a)); com estes núcleos aparece ligado o canto (cf. 5.2. (h)). A sagacidade revela-se na descrição da Salta--Pocinhas e na superação das dificuldades em encontrar sustento, mas é sobretudo evidenciada como movimento entre os polos 'ofendido' vs 'vingado', de bom êxito para a Salta-Pocinhas e mau êxito para o lobo e o teixugo (cf. 5.2. (b)) e na lição de dança ($\overline{TX}$17). O facto de o lobo, em contraposição à raposa, não saber dançar, é mais um sinal da sua bruteza. Ainda em relação ao lobo, notemos que, se a Salta--Pocinhas no princípio tem certo medo em acercar-se dele (cf. p. 38), desenvolvendo-se a história, acabará por ir às suas cavaleiras (TX30); recordemos além disso que os bichos, quando o lobo se finge morto, «protestavam dali em diante viver na descuidosa paz das repúblicas» ($\overline{TX}$13, p. 63) e que o biotexto parece querer dar relevo a este facto (cf. 8.2.). Todos estes dados parecem apontar para a seguinte interpretação: até TX12 temos o reinado do lobo, que corresponde ao reinado da força, da brutalidade e da estupidez; com $\overline{TX}$13, sucessão atextóidica contraposta aos textóides transformativos TX7, TX9 e TX11, esse reino desmorona-se; a partir de TX14 instaura-se o reinado da inteligência: a Salta-Pocinhas (a inteligência) vai às cavaleiras do lobo (da brutalidade).

Podemos assim dizer que a informação, embora aparentemente se repita de capítulo para capítulo, na realidade avança na variação dos ardis e na consecução do objectivo final representado pela pensão vitalícia, objectivo que só se pode conseguir tendo refinado ao máximo a própria sagacidade.

9.3. A mensagem

O homem produz comunicados para responder às seguintes finalidades:

— Para reconhecer objectos e fenómenos e para planear. O cérebro elabora as percepções recebidas pelo contacto com a realidade cifrando-as simbolicamente e, em particular, verbalizando-as, e relacionando os símbolos ou signos entre si. Desta maneira o homem consciencializa as estruturas da realidade que lhe parecem importantes e reconhece-as sempre em novas situações *(função autocognitiva)*.
— Para comunicar os conhecimentos adquiridos. Este tipo de comunicação visa ou a controlar através das reacções do receptor a validez dos próprios conhecimentos adquiridos ou a antecipar as próprias experiências no receptor *(função transcognitiva)*.
— Para descarregar a psique. Consciencilizando um sonho, um fenómeno difícil de compreender ou uma raiva/dor através de um desabafo podemos dominar melhor as nossas preocupações. «Cantando, il duol si disacerba» diz Petrarca numa canção *(função terapêutica)*.
— Para induzir o receptor a tomar uma certa atitude, a efectuar uma certa acção ou a deixar-se de certa acção, coisas que estão no interesse do emissor e/ou do receptor *(função persuasiva)*.
— Para divertir o receptor. Neste caso o emissor quer distrair o receptor de uma actividade considerada como penosa transportando-o para um mundo diferente ou convidando-o a descobrir os micro- e macrossistemas de relações entretecidas no comunicado *(função diversiva* ou estética ou poética).

Muitas vezes os comunicados podem ter mais de uma função, em particular combinar a função persuasiva ou transcognitiva e a diversiva, conforme à prescrição horaciana: «Aut prodesse volunt aut delectare poetae/Aut simul et iucunda et idonea dicere vitae» (*Ars poetica* 333-334) ou lafontainiana: «Une morale nue apporte de l'ennui;/Le conte fait passer le précepte avec lui./En ces sortes de feinte il faut instruire et plaire,/Et conter pour conter me semble peu d'affaire» (LF VI, 2).

Considero que uma obra veicula uma mensagem unicamente quando tem só ou entre outras uma função persuasiva. Neste caso as proposições temáticas podem introduzir-se num textóide argumentativo cujas outras proposições devem detectar-se através do texto e cuja conclusão (ou moral) representa a mensagem. No caso do *Romance da Raposa* as proposições temáticas podem introduzir-se num textóide fábula, para o que aliás já aponta a presença de TX29:

P1 → P2: se o homem for sagaz, então governará bem a sua vida
P3 → P4: se o homem não for sagaz, então governará mal a sua vida
P5 → P6: a raposa é sagaz, por isso governa bem a sua vida
P7 → P8: o lobo é estúpido, por isso governa mal a sua vida
P9 → P10: se quisermos governar bem a nossa vida, temos que ser sagazes

As proposições P9 e P10 constituem a mensagem da obra. Note-se que a sagacidade tem que ir acompanhada de instrução: ensina a Salta-Pocinhas aos raposos que «Depois da canja, a instrução é a primeira necessidade do raposo» (148). O bom governo não coincide com a moral tradicional. Diz Aquilino no prólogo: «dei-lhe (sc. aos bichos) voz para melhor manifestarem o que são, e nunca para com eles aprendermos a distinguir bem e mal, aparências ou estados, pouco importa, atribuídos exclusivamente ao rei dos animais, como nos jactamos de ser» (8). Essa instrução e essa moral não se aprendem necessariamente na Universidade e na Igreja: daí as alusões irónicas às universidades («Minha avó — murmurou (sc. a Salta-Pocinhas) em voz compungida — tirou o curso de médica nas universidades. Remédio seu era bálsamo santo. Nas horas vagas, lá nos ia ensinando uma ou outra receitinha...» (40)) e as ironias contra as paródias do mundo clerical (cf. 7.2. (e)).

Fora das mensagens deduzidas através das proposições temáticas é possível que uma obra veicule outras, mas é difícil prová-lo. No *Romance da Raposa* parece despontar uma mensagem ecológica por exemplos nos seguintes trechos:

— «o lince... animal que, de batido e perseguido, caçado e fuzilado, vai rareando nos bosques» (45)
— «O homem é aquele bicho de duas pernas que parece que não tem medo de nada e tem medo de tudo, que quer saber tudo e

não sabe nada, e por isso é mau, cruel e caprichoso. Inferior a nós na corrida, no faro, e no ardil, inventou para nos combater as armas de fogo, as ratoeiras de ferro e os cães ensinados» 9149-150).

9.4. A aplicabilidade denotativa ou interpretação

Um comunicado pode ter as seguintes referências ou denotações:
— a natureza em si (como é: *referência ontológica;* por que e para que é: *referência metafísica* ou *teleológica*);
— as relações entre o homem e a natureza *(referência ontológica humana);*
— o homem ser individual como é de per si (caracteres, sistema do inconsciente, conflitos interiores, etc.: *referência humana individual real);*
— o homem ser social como é de per si (relações interpessoais, relações entre sociedade e indivíduo, sistemas socioeconómicos, etc.: *referência humana social real);*
— o homem individual ideal (como poderia/deveria ser: *referência humana individual deóntica);*
— o homem social ideal (como poderia/deveria ser: *referência humana social deóntica);*
— as tensões entre idealidade e realidade *(referência tensional,* como por exemplo nos livros de viagens utópicas);
— nula (como nas palavras cruzadas).

Para apresentar uma referência não nula o emissor de um comunicado pode adoptar duas perspectivas:
— pode descrever a referência o mais fielmente possível ao que sabe/vê/pensa que aconteceu/acontece/acontecerá *(perspectiva icástica);*
— pode descrever a referência transfigurando conscientemente o que/sabe/vê/pensa/que/aconteceu/acontece/acontecerá *(perspectiva fantástica).*

As duas perspectivas podem misturar-se, como acontece com as biografias 'romanceadas', que por um lado transmitem dados puramente históricos, pelo outro, para tornar a leitura mais acessível e agradável, introduzem pormenores da vida privada reconstruídos só com certa probabilidade, mas que facilitam ao leitor o introduzir-se na personagem apresentada. A tendência para a verosimilhança (perspectiva icástica), salvaguardando ao mesmo tempo a ficção (perspectiva fantástica), parece um dos postulados da obra de arte (cf. 11.4.; cf. também Cervantes, *Don Quijote de la Mancha*, I, 47). A perspectiva icástica, que se adopta por exemplo nos manuais de história, permite referir o comunicado só a um referente. A perspectiva fantástica permite uma aplicabilidade referencial a todas as situações parecidas com as narradas no comunicado (cf. La Fontaine IX, 6: «Chacun tourne en réalité/Autant qu'il peut, ses propres songes» e LF XII,/IV). O facto de aplicar um comunicado a certa realidade para a captar é aquilo a que podemos chamar propriamente a *interpretação* de uma obra. Esta aplicação não tem que ser necessária.

O *Romance da Raposa* é uma narrativa tipicamente fantástica (basta pensar nos bichos falantes) que pode ler-se como tendo só função estética, mas que se pode aplicar a todos os casos em que alguém age com astúcia e/ou com hipocrisia, como se podem deduzir da mensagem (cf. 9.3.) e das *Marginália:* «O meu livro tende a mostrar às crianças a que me dirijo, acima de dez anos, o mecanismo interno da astúcia, um pouco a astúcia de Ulisses, havida, sob determinados aspectos, como boa e sempre admirável, e por extensão, a velhacaria social. Prefiro que se conheça a hipocrisia a que nos surpreenda» (170; cf. a este propósito a caça da raposa descrita por F. Namora nas *Minas de San Francisco,* cap. V). Tomando em consideração o biotexto do autor (cf. 8.2.), a substituição da monarquia da bruteza (= reinado do lobo) pelo reinado da inteligência (reinado da raposa) poderia aplicar-se à passagem do Estado português da monarquia para a república. Mais em geral esta obra pode aplicar-se a todos os casos em que um tirano brutal trata de apagar as forças do intelecto.

10. A PRODUÇÃO DO TEXTO

10.1. Da textura para o texto

Adoptando uma perspectiva gerativa podemos dizer que um texto é uma textura lexemizada mediante uma série de operações (cf. também 3.2.).

A textura básica forma-se por meio das seguintes operações:

— consciencialização do tema que se quer expor (9.1.);
— procura das ideias conexas com o tema (cf. 9.2.);
— coordenação lógica dos argumentos em forma de núcleos proposicionais (cf. 3.2.);
— determinação da intenção comunicacional dominante e do ponto de vista desde o qual se quer apresentar o tema (cf. 6.1., 7.1., 9.3., 9.4.).

Estabelecida uma textura básica, esta pode ser transformada num texto com operações como as seguintes:

— eventual amplificação da textura básica (cf. 3.1.);
— eventual conotação das proposições (cf. 7.1.);
— estabelecimento da ordem em que as proposições da textura (e, por conseguinte, as personagens) têm que aparecer no texto (note-se a este propósito que a construção de um textóide transformativo permite mais facilmente um desvio da ordem cronológica do que um textóide sucessivo);
— eventual divisão em capítulos e/ou parágrafos;
— decisão de quais as proposições a exprimir e quais a subentender;

— decisão da maneira de intervir o autor (como autor, como narrador, como comentador, através das personagens, não intervenção, etc.);
— decisão de quais as proposições a apresentar em forma dialogada e quais não;
— substituição dos noemas da textura pelos correspondentes lexemas e eventual concordância e reordenação destes (cf. 2.4.);
— eventuais marcações e intitulações (cf. 6.1.);
— eventuais transformações para obter uma melhor coesão do comunicado (cf. 10.);
— eventual deleção optimal das redundâncias.

Entre os aspectos que melhor caracterizam um texto, i.é a superfície ou expressão lexémica de um comunicado, estão a dialogação e a adjectivação.

10.2. A dialogação

Um diálogo consta fundamentalmente de uma abertura com carácter conativo-fático (= *alocução*), uma parte central com carácter emotivo-referencial (= *interlocução*) e um fecho outra vez com carácter conativo-fático (= *delocução*). Na sua forma plena a alocução está constituída por um apelo do interlocutor que toma a iniciativa e uma réplica do outro interlocutor com a qual este aceita ou recusa dialogar; contém normalmente fórmulas vocativas. A interlocução manifesta na maior parte das vezes um desejo do primeiro interlocutor e realiza-se na sua forma mais característica como sequência de perguntas e respostas; contém normalmente fórmulas performativas («exclamou o Salamurdo» (31), «o lobo disse para o burguês» (36), etc.) quando inserida numa narração. A delocução intervém quando um dos interlocutores deseja pôr fim à interlocução; como a alocução, está constituída também ela por um apelo e uma réplica; contém normalmente fórmulas de despedida.

O uso de diálogos em vez da narração actorial permite ao autor:

— imitar melhor a realidade (cf. 9.4.);
— conferir maior vivacidade ao comunicado;

- caracterizar os dialogantes pela maneira de falar e pela maneira de se dirigirem uns aos outros (atenda-se por exemplo às formas de tratamento);
- caracterizar as personagens pela maneira de pensar (cf. monólogos interiores, etc.);
- esconder melhor a sua presença integrando-se nos dialogantes (cf. 8.2.);
- retardar o fluxo da informação (introduzindo por exemplo saudações, muitas perguntas e respostas), criando assim expectativa;

etc.

Exemplo de diálogo retardante é a conversação entre a Salta-Pocinhas à procura do teixugo e o urso (p. 22-25). Este extenso diálogo, o último e maior do primeiro capítulo, pode ser sintetizado nas seguintes frases:

Salta-Pocinhas para o tio Mariana: não é capaz de me ensinar onde mora o teixugo Salamurdo?
Urso para a Salta-Pocinhas: Salamurdo não conheço... Mas espera lá... É um bicho ronceiro, passeiro, mazorreiro, perna cambada, na testa faixa esbranquiçada? Então se é, mete por esse atalho fora, sempre em frente. Ao fundo torce à esquerda; onde vires um carvalhal torna à direita e, obra de cem passos a nascente, dás com o castelo do tal Salamurdo, que pelo nome não perca. Não tem que errar.

Simplificando ainda mais, chegamos ao seguinte núcleo do diálogo:
Salta-Pocinhas: Tio, onde mora o teixugo Salamurdo?
Urso: Mete por esse atalho em frente. Ao fundo torce à esquerda; onde vires um carvalhal torce à direita e, obra de cem passos a nascente, dás com o castelo do Salamurdo.

Quem inicia o diálogo é a Salta-Pocinhas, que se dirige ao urso, segundo informação do narrador «Divertida por um lado, na esperança, por outro, de tirar algum benefício do encontro», mas um pouco desconfiada, com uma saudação: «Ora viva o tio Mariana! Então a tomar o fresco da noite?». A esta saudação corresponde o urso prazenteiramente: «Seja bem-vinda a minha flor». E à pergunta da Salta-Pocinhas se ele estava a tomar o fresco da noite o urso responde: «Ando a ver se os castanheiros já botam. Qual, os ouriços começam agora a arreganhar!... Não apanho castanhas para a cova de um dente», aludindo também às dificuldades que encontra. E a Salta-Pocinhas aconselha-o a trepar para cima: «Porque não trepa arriba». Estas primeiras falas da Salta-Pocinhas servem apenas de 'introdução' à conversa propriamente dita, em que se manifesta o seu desejo, i.é saber se há algo para comer, e caso não haja, saber qual a morada do teixugo, que segundo informação do Pé-Leve, pilhou pata, tendo assim certamente bom alimento para ela também. E mais adiante, quando a Salta-Pocinhas diz: «Acho-o mais gordo... Consta que o tio Mariana enterrou para aí metade dum jumento», pretende astuciosamente saber se se poderia fornecer de vitualhas junto do urso, evitando assim a viagem até casa do teixugo. Como resulta que do tio Mariana não pode conseguir comida, repete também ao urso a pergunta que tem vindo a fazer a todos os bichos que encontra: «não é capaz de me ensinar onde mora o teixugo Salamurdo?», ao que o urso inicialmente responde negativamente. Só depois de tentar dar um abraço à raposa e esta o recusar provocando-o ao mesmo tempo («Um abraço, tó-rola! Abraço de urso, já dizia Salomão, é pior que beijo de cão. Não tente...») é que esta obtém a informação desejada.

Esta conversação, redutível como vimos a uma pergunta e uma resposta, expande-se em doze intervenções do interlocutor que toma a iniciativa (a Salta-Pocinhas) e onze do segundo interlocutor (o urso); no entanto são mais extensas e mais explicativas as deste último, sendo este o detentor da informação desejada. O trato da Salta-Pocinhas para com o urso é de uma certa cerimónia:

— «Ora viva o tio Mariana!»
— «Porque não trepa arriba?»
— «Acho-o mais gordo...»
— «Consta que o tio Mariana enterrou para aí metade dum juvento...»
— «Ouça, tio Mariana, não é capaz de me ensinar onde mora o teixugo Salamurdo», etc.

Em contrapartida, o urso trata a raposa com mais intimidade:

— «Seja bem-vinda a minha flor»
— «Olha, filhinha»

— «Atira-te às ervas...»
— «Nem um abraço me dás?»
— «Hás-de ser outra velhaca»
  etc.

Nas formas de tratamento assinale-se que naquelas mais respeitosas pode subentrar a ironia (cf. 7.), o que acontece quase sempre quando a raposa se dirige ao lobo («Pois não é bonito, não é bonito para o principal destas selvas» (75), «Tão simpático este senhor D. Brutamontes, mas não há modo de o siso lhe entrar na mioleira» (75). Esta conotação sublinha a estupidez do lobo.

Em contrapartida, o único animal desta galeria que em geral raciocina por isso superior a todos os outros é a Salta-Pocinhas, que muitas vezes encontramos em situação de monólogo interior:

— «a ideia do ardil providencial nasceu em sua alma sequiosa» (53)
— «Observar aquele preparo e conceber um plano engenhoso foi obra de instante» (69)
— «Se este ratoneiro quisesse, safava-me da enrascada. Vamos lá ver!» (105)
— «botou-se a malucar como ver-se livre do atoleiro» (147)
  etc.

10.3. A adjectivação

A relevância da adjectivação epitética para a estruturação da superfície lexémica de um comunicado já foi conceitualizada operacionalmente pela ciência literária e linguística do século XVIII. Assim encontramos na *Encyclopédie méthodique, ou par ordre de matières* (Nouvelle édition enrichie de remarques dédiée à la Sérénissime République de Venise, Grammaire et littérature, Tome premier, seconde partie, Padoue 1786, s.v. epithète) a seguinte descrição do epíteto:

«L'Épithète est un terme ajouté à celui qui contient l'idée principale; pour restreindre cette idée en l'embelissant, c'est-à-dire, en y joignant une énergie esthétique. Quand, par exemple, Haller a dit, en décrivant les amusemens rustiques des habitans des Alpes; 'Là vole à travers l'air *divisé* une *lourde* pierre, lancée par un bras *vigoureux, jusqu'au but prescrit*': on pouroit omettre ces quatre Épithètes sans rien changer à l'essentiel de l'image; mais elles servent à rendre l'idée principale plus sensible par les idées accessoires qu'elles y ajoutent.

Il ya une autre espèce d'Épithètes qu'on pouroit nommer grammaticales, parce qu'elles ne sont que ce qu'on nomme en Grammaire des Adjectifs. Celles-ci n'ont point de beauté esthétique, mais elles sont nécessaires à l'intelligence du discours; par exemple, enfant *gâté*, esprit *chagrin*. Sans elles l'idée principale n'auroit pas la détermination indispensable pour former uns sens précis.

À ces deux espèces d'Épithètes il faut en joindre une troisième, que les grammairiens nomment patronymique. Ce n'est exactement qu'un titre ajouté au nom d'une persone. Tel est le *pius Aeneas* de Virgile, la πότνια Η″ρα d'Homère. Ces Épithètes revienent presqu'aussi souvent que le nom propre est allégué, & ne sont point destinés à embelir le discours ou à lui donner plus d'énergie.

Ce but ne concerne que les Épithètes esthétiques. Celles-ci, quand elles sont bien choisies, sont la principale énergie du discours, comme dans ce passage d'Horace: 'Illi robur & aes triplex / Circa pectus erat, qui fragilem truci / Commisit pelago ratem'.

Les mêmes principes qui doivent diriger tout artiste dans l'embélissement de ses ouvrages, servent aussi à déterminer le véritable usage & les qualités de l'Épithète. On donne aisément, à cet égard, ou dans l'excès ou dans le défaut; l'intelligence & le discernement du poète se manifestent dans la juste distribution de ces ornements.

Il y a des hommes si illustres que leur nom seul vaut le plus bel éloge. Il y a de même des idées qui par elles-même sont si grandes, si parfaitement énergiques, que tout ce qu'on y ajouteroit par forme d'Épithète pour les rendre plus sensibles, ne pouroit que les afoiblir. Quand César, au moment qu'on le poignarde, s'écrie: Et toi aussi, Brutus! quelle Épithète, jointe è ce nom, auroit pu ajouter à l'énergie de cette exclamation? dans les autres cas de cette nature, toute Épithète est déplacée.

Elle ne l'est pas moins dans les cas opposés, c'est-à-dire, lorsqu'il s'agit d'idées subordonées, que le poète n'emploie que pour la liaison & qu'il ne laisse entrevoir que de loin. Le peintre place souvent sur l'arriere-fond des figures isolées ou des groupes, simplement pour remplir quelques vides ou pour l'arondissement. S'il leur donnait du relief par des coups de pinceau vigoureux, il manqueroit son but, ces figures feroient trop d'effet & détourneroient l'oeil des objets principaux qui doivent le fraper. Il en est de même des idées accessoires en Éloquence & en Poésie; il ne faut pas exposer au grand jour ce qui, de sa nature, doit rester dans le lointain. Quand le poète veut nous rendre attentifs aux exploits de son héros, qu'il évite de tourner notre attention, pour une Épithète déplacée, sur le bruit de son chariot ou sur le hennissement de son coursier.

C'est sur-tout lorsqu'on fait parler les autres, qu'il faut être circonspect dans l'usage des Épithètes.

Il faut peser exactement quelles idées doivent nécessairement entrer dans la pensée que le personage veut exprimer, & ne lui rien prêter au delà. Il faut se souvenir que les Épithètes ne sont que subordonées au terme principal; si celui-ci dit tout ce qu'il y a à dire, eu égard au lieu & aux circonstances, l'Épithète est de trop.

On remarque, en étudiant les révolutions du bon goût, que, dans les temps anciens comme dans les modernes, la décandance du goût a toujours été annoncée par la profusion d'Épithètes. Dans la Grece, chez les Romains, & en France, aussi-tôt que le beau siecle de l'Éloquence & de la Poésie a fait place à l'amour du clinquant, on a vu les Épithèttes se multiplier.

Pour éviter cet excès, leur usage doit être restreint aux seuls cas où l'idée principale ne suffit pas pour donner à la pensée une beauté sensible, une énergie esthétique. Et afin de mieux déterminer ces cas, il est bon de se rapeler qu'il ya trois especes d'énergie esthétique: l'une, qui remplit l'imagination de tableaux frapans; l'autre, qui présente à l'esprit des notions grandes & lumineuses; & la troisieme, qui excite le sentiment & produit les mouvemens de l'âme.

C'est en conséquence de l'un ou de l'autre de ces trois buts qu'il faut choisir les Épithètes, selon qu'on se propose, ou de peindre à l'imagination, ou d'éclairer le jugement, ou de toucher le coeur.

Les Épithètes pittoresques prises des choses sensibles sont indispensables, lorsque l'orateur ou le poète veut peindre à l'aide du discours. Elles servent ou à exprimer diverses petites circonstances qui sont partie du tableau, ou à épargner les descriptions prolixes qui rendroient le discours languissant. S'agit-il, non de peindre, mais de donner à une pensée un tour plus fort, plus nouveau, plus concis, ou plus naïf? c'est encore à l'aide des Épithètes qu'on y parviendra plus aisément. Enfin, si l'on se propose de toucher le coeur, quel que soit le genre de la passion, rien de plus efficace que des Épithètes bien choisies pour exciter le sentiment.

Mais autant elles servent d'assaisonement dans tous les genres de l'énergie esthétique pour donner plus de force à la pensée, autant sont-elles insipides lorsqu'elles n'ont pas ce but. Rien n'est plus désagréable qu'un style rempli d'Épithètes foibles, vagues, ou oiseuses; même lorsqu'elles ne sont pas oisives, le style ne laisse pas d'être mauvais, si ces Épithètes expriment des idées accessoires qui ne font rien au but principal, & qui ne servent qu'à étaler l'esprit du poête & la singularité bizâre de son imagination.»

No *Romance da Raposa,* em que aparece uma rica adjectivação, esta responde sobretudo à primeira das três espécies de energia estética apontadas pela *Encyclopédie méthodique,* embora constitua também um importante suporte para a coesão do texto (cf. 11.1.). O adjectivo surge-nos em várias combinações com o substantivo, não sendo porém estas combinações puramente arbitrárias ou devidas a constrangimentos gramaticais. Limitando-nos à primeira parte do romance, encontramos as seguintes combinações:

a)   substantivo + adjectivo

É esta a combinação mais usual não só no romance, mas na língua portuguesa em geral. Os adjectivos podem indicar uma qualidade inerente («arganazes roazes» (51; note-se a rima), «gineta casquilha» (51; este animal aparece sempre qualificado deste modo, o adjectivo é portanto uma espécie de 'patronymique'), «doninha furadeira» (52), «teixugos patudos» (44; note-se a assonância), «perdiz cantatriz» (69)), intrínseca («raposeta pintalegreta» (28, 78), «teixugo descaroável» (38), (ratinhos malandrinhos» (51)) ou extrínseca («andar saltitante» (33), «rabo alçado» (73), «passo mesurado» (75)). Certos adjectivos indicam uma espécie animal («coelho bravo» (13), «gato bravo» (52), «cavalo morzelo» (80)). Boa parte destes adjectivos caracteriza de maneira pitoresca os animais nos seus aspectos e nas suas actuações. Em muito menor medida qualificam-se plantas ou frutos: «bálsamo santo» (40), «cana rachada» (53), «espigas chochas» (53), «palhinha miúda» (53), «couve troncha» (60), «figos lampos» (67), troncos esgalhados» (70).

A cor é usada para apresentar o 'vestuário' («blusa branca» (20), «botins amarelos e saia de açafrão» (18), «manto verde» (60), certos animais («ovelha branca» (52)), partes do seu corpo («orelhas pretas» (51), «beta branca» (51), «olhos vermelhos» (44)), a paisagem («céu baço» (28)).

Certos adjectivos transmitem-nos sensações tácteis: «broa dura» (23), «folhas secas» (29), «focinho húmido» (34), «pastel frio» (54), «terra seca» (55). Outros definem-se por oposição antonímica. É o caso, por exemplo, do adjectivo *velho* («pai velho» (14), «ódio velho» (50), «danças velhas» (74), «caminho velho» (81)) que se define por oposição a *novo*.

Alguns adjectivos transpõem-se do plano concreto ao abstracto: «assalto frustrado» (13), «chuva impertinente» (28), «solar adormecido» (28), «vento arisco» (43), «canto madrugador» (77), etc. Trata-se de qualitemas normalmente atribuídos a atitudes humanas. Assim não é o assalto que é frustrado, mas quem fica frustrado é quem pratica a acção; não é a chuva que é impertinente, mas torna-se impertinente passando pela subjectividade de alguém que espera; não é o canto que é madrugador, mas a cotovia que o produz. Estra adjectivação é tipicamente poética.

Nalguns casos o adjectivo reforça o sentido já expresso no substantivo: «tirano sanguinário» (33), «Anjo bento» (39).

O mesmo substantivo pode aparecer adjectivado diferentemente ao longo do texto («alma sequiosa»/«alma maliciosa» (53/59), «folhas secas»/«folhas largas» (29/60), «Tom pessimista»/«tom provocante» (15/28), «voz rouca»/«voz compungida» (23/40)), constituindo às vezes antíteses a distância («dentes possantes»/«dente podre» (29/35), «olhos fechados»/«olhos grandes» (33/51)), outras vezes sinonímias («furor cego«/«furor doido» (62/62), «soninho descansado»/«sono regalado» (13/43), «voz aflautada»/«voz melada»/«voz adocicada» (53/73/75)).

b) adjectivo + substantivo

Esta combinação é menos frequente que a anterior e surge quer para realçar uma qualidade de um animal («mal-intencionado bicho» (36), «temíveis ginetas» (44), «intratável javali» (52), quer para reforçar um conceito expresso por um substantivo abstracto («grande incómodo» (39), «grande prazer» (59)), além de outros vários casos.

Na generalidade não se encontram referências a qualidades extrínsecas. Observamos que na sua maioria os substantivos surgem aliados a conceitos abstractos que se definem por oposição a outros ('bom/mau' 'alto/baixo', etc.): «altos pinheiros» (27), «alta fidalguia» (28), «alta voz» (44); «belo dia» (59), «belo sexo» (72), «feias aventuras» (62); «bons conselhos» (14), «bom filho» (14), «bons tempos» (16), «boa memória» (18), «boas graças» (33), «boa boca» (59), «boa educação» (74), «má estrela» (16), «má cabeça» (58), «piores caprichos» (62); «difícil digestão» (73); «fraca lembrança» (37); «graves ofensas» (46); «leal servidor» (34); «pequenos répteis» (20); «pequeno intervalo» (36); «pequenos vales» (78), «grande incómodo» (39), «grande prazer» (59); «velho raposo» (17), «velho impostor» (16), «velho castanheiro» (20), «velho carvalho» (27), «velha terra» (74). Mais em geral podemos dizer que precedem os adjectivos com carga valorativa («míseros gafanhotos» (13), «cruel descompostura» (30), «pavorosa moradia» (38), «horrível crime» (46), «despótico senhor» (52), «amistoso convívio» (55), «reles fêveras» (68), etc.). Isto é particularmente evidente nos superlativos absolutos («rasgadíssimo elogio» (14), «ilustríssimo pai» (39-40), «sendeiríssimo senhor» (56), «desaforadíssimas gargalhadas» (79). Nalguns casos o adjectivo só reforça o sentido já expresso no substantivo («milagrosa virgem» (39), «feio insulto» (47)).

c) substantivo + adjectivo + adjectivo

Em proporções menores, embora notáveis, encontramos também esta combinação e verificamos que na sua maioria os adjectivos acrescentados trazem mais informação:

animal ferino, mofino 21
chuva miudinha, branquinha 27
pai teixugo, narigudo, barrigudo 29
bicharoco pesado, anafado 51
língua ardente, pendente 58
pio choroso, prolongado 70
troncos carrancudos, barbaçudos 70

No entanto, existem outros casos em que o segundo adjectivo não acrescenta informação nova:

amiga leal, verdadeira 28
raposas hipócritas, fingidas 44
raposas astutas, machuchas 47
asas trementes, batentes 70
voz pastosa, fanhosa 71

Os adjectivos podem estar ligados por uma conjunção copulativa que chama a atenção para a justaposição:

cavalinho manco e branco 27
tom brando e adocicado 34
vizo-rei esquelético e peripatético 50
peixinhos delicados e sarapintados 59
raiva héctica e peripatética 60
lobo desconfiado e assarapantado 60
lobo desesperado e inconsolável 62
governador despótico e sanguinário 63
pança manteiguda e reboluda 67
garupa nédia e luzidia 75
pernas finas e nervosas 75
fiapos brancos e mansos 77
cavalito cobarde e atarantado 77

Na maioria destes casos encontramos rima ou assonância. Temos assim uma insistência em certos fonemas que chama a atenção para as características descritas, além de ser um importante elemento de coesão.

d) adjectivo + adjectivo + substantivo

Neste caso notamos que se acrescenta quase sempre informação nova e que os adjectivos estão sempre ligados pela copulativa *e:*

longo e descarnadíssimo pernil 14
honestos e pacíficos cidadãos 36
asseado e belo senhor 41
amado e digno conselheiro 46
pronto e severo castigo 46
nova e dura estiagem 57
velhas e grossas árvores 70

Estes adjectivos têm em geral carga valorativa.

e) substantivo + adjectivo + adjectivo + adjectivo

Neste tipo de combinação predomina a rima que vem contribuir para uma certa coerência do significado inicialmente expresso pelo primeiro adjectivo:

raposeta matreira, fagueira, lambisqueira 13
bicho ronceiro, passeiro, mazorreiro 24
mocinha airosa, briosa, graciosa 30
delambida, atrevida, mas precavida 32
raposeta matreira, faceira e lambisqueira 61, 70
vizo-rei zombado, humilhado, desclassificado 65

f) a combinação substantivo + cinco adjectivos apenas aparece para caracterizar o urso («urso sábio, héctico, peripatético, filosófico e pernóstico» (48)), pelo que se evidencia a sua posição especial entre os bichos, como aquele que sabe julgar e que é capaz de fazer uma distinção entre a astuta raposa e o bruto lobo (p. 47).

11. A COESÃO

Todo o comunicado, para funcionar como tal, tem que apresentar certa coesão. O receptor de um comunicado conta com que as palavras e as frases deste estejam relacionadas de alguma maneira umas com as outras. A coesão pode apresentar-se como coerência, como consistência ou como centripetação dos elementos (fonemas, sílabas, noemas, lexemas, functemas, proposições, orações, textóides, etc.) que constituem o comunicado.

11.1. A coerência

Falo em *coerência* quando um elemento reactiva a imagem/o aspecto igual ou parecido de outro já citado. Para estabelecer fenómenos de coerência utiliza-se a técnica da repetição, a saber:
— de determinados traços fonémicos, fonemas ou grupos de fonemas, em particular em determinadas posições e/ou a determinadas distâncias (aliteração, assonância, rima, paronomásia);
— de determinados ritmos/metros;
— de determinados lexemas ou noemas, em particular em determinadas posições ou a determinadas distâncias (anáfora);
— de determinados grupos de lexemas (sintagma, hemistíquio, verso), em particular em determinadas posições e/ou a determinadas distâncias (estribilho/bordão, estrofes paralelísticas);
— de dois ou mais lexemas que pertencem à mesma categoria formal ou semântica em ordem simétrica (quiasmo) ou paralela (ritmo binário ou ternário: repetição de grupos do tipo 'substantivo + adjectivo + adjectivo', etc.);

— de textóides parecidos, em particular por seriação paralelística ou sinonímica;
— de proposições sinónimas.

O *Romance da Raposa* apresenta um alto grau de coerência:
— Aparece frequentemente a aliteração:

*f*raquinho e *f*ugidio 22
O ur*s*o *s*ábio dos *s*altimbancos 22
tivesse eu *p*ilhado *p*ata 37
a fez desenove*l*ar e *l*ogo pu*l*ar como mo*l*a ao escapar 43
a*r*ganazes, *r*oedores e *r*épteis 44
*tr*emia... *tr*anquila 45
Mas como era de *b*oa *b*oca 59
trago-o *tr*ancado 61
uma *p*inha, *p*umba 90-91
etc.

— Usa-se bastantes vezes a assonância:

na *água* em menos de n*ada* 58
a cauda b*asta* erguida em *aspa* 65
gal*i*nha-da-*Í*ndia 108
até do p*eru*, que, ao ver gente, se encarniçava e praguejava que parecia Belz*ebu* 108
M*agra*, mais m*agra* que f*aca* de cortar o pão 119
etc.

— Impera a rima. Usa-se esta de vária maneira. Encontramo-la amiúde em grupos de lexemas formados por substantivos + dois ou mais adjectivos ou complementos de especificação, onde o substantivo designa em geral um bicho e os adjectivos em rima fazem ressaltar as suas características ou estados (cf. 10.3.; e ainda:

o animal ferino, mofino, ventas de pepino 21
raposeta pintalegreta, senhora de muita treta 29
(sc. o teixugo) narigudo, barrigudo, com calçotes de veludo 41

Outras vezes atribuem-se dois ou três verbos com o mesmo final ao mesmo sujeito:

a Salta-Pocinhas trotou, rastejou, sondou 27
(sc. a Salta-Pocinhas) estirou-se, rolou-se, espojou-se 32
(sc. a Salta-Pocinhas) viu e ouviu 34

os teixugos, assanhados, ganiam... as raposas, astutas, machuchas, um pé em terra, um pé no ar, prontas a saltar, repetiam 46-47
(sc. a Salta-Pocinhas) espiava e policiava, farejava e palpitava 87
etc.

Na página 64 encontramos um diálogo no qual se pode observar a rima concentrada nos sufixos depreciativos, o que acentua a desclassificação do animal em causa, o lobo:

«— Comadrinha — dizia uma voz — vem-lhe dar um piparote...
— Prima — tornava outra — olha que boa pança para embainhar o chifarote!
— Era um malvado!
— Um degenerado!
— Um comilão!
— Um cobardão!
— Um paspalhão!
— Um ventas-de-cão!
— Todos os nomes feios em ão! ão! ão!»

No diálogo entre a Salta-Pocinhas e o gato bravo das páginas 111-112 a rima realça a troça que a primeira está a fazer do segundo:

«— Tem então aí um peru?
— Maior que um urubu.
— Três galinhas?
— Gordas como toninhas.
— Uma pata?
— Mais manteiguda que a nata.
— Um galo?
— Pesa como um cavalo.
— Dois coelhos?
— Os coelhinhos são para o meu amigo bufo, que fez o favor de chamar Vossa Senhoria e, enquanto deu recado, deixou perder os bois.
— Está bem; o resto fica para o velho...»

São também bastante frequentes os casos em que rimam duas palavras oxítonas sem outra estrutura especial:

à espreita de noitibós, que, voando, descrevem no ar grandes ós 21
abraço de urso, já dizia Salomão, é pior que beijo de cão 24
mas lá bolotas, como pão-de-ló, come-as tu e a tua avó 37
etc.

133

Note-se que a rima realizada através dos adjectivos que especificam os animais, sendo repetidos estes ao longo do texto, funciona também à distância:

> a raposa é matreira, embusteira, ratoneira 9
> raposeta matreira, fagueira, lambisqueira 13
> que exigem olho matreiro, pé sorrateiro e galfarro ligeiro 17
> as raposas são uma corja de invencioneiras, trapaceiras 35
> A Salta-Pocinhas foi trapaceira... lambisqueira 47
> a grande trapaceira 57
> a raposeta matreira, faceira e lambisqueira 61
> ó embusteira 65
> raposa matreira, faceira e lambisqueira 70
> a raposa matreira 73
> e sorrateira, arteira, lambisqueira 84
> a raposa matreira 115
> a raposa era matreira 133

> as temíveis ginetas de farda casquilha e cauda em cedilha 44
> A gineta, que, além de casquilha, cauda em cedilha, é andarilha 63
> um gineto, amarrotada a sua farda casquilha, cauda nada em cedilha 127

> os toirões papa-coelhos, de olhos vermelhos 44
> o toirão, de olhos vermelhos, papa-coelhos 127

— Aparecem casos de paronomásia:

> esperando que nos servisses de *arrimo* para o fim dos dias. É negócio *arrumado* 15
> pirata e patarata 47
> Uivou, uivou, e o cavalinho, que tal ouviu 80

— A certa distância retomam-se em situações análogas ou em situações de contraste certos noemas: na p. 36 o teixugo chama à raposa «traste», o mesmo fazendo a lebre na p. 144; na p. 30 e 36 o teixugo diz que a raposa «fede», ideia repetida pelo lobo na p. 72 (onde diz que «cheira mal», qualidade que a Salta-Pocinhas reatribui ao lobo) e pelos cabreiros na p. 117 («fede»); na p. 43 diz-se de Salta-Pocinhas que a mãe «a fez desenovelar», na p. 59 que estava «Enovelada na toca», na p. 89 que estava «rolada em bola», na p. 102 que se deitou «rolando-se em novelo»; na p. 84 diz-se da Salta-Pocinhas que deitou a unha «ao pato mais gordo e palordo que refocilava no charco», na p. 135 que o queijo do almoço dos mateiros «caiu no fundo de um charco»; na p. 101 diz-se que «o céu estava estrelado como o chapéu dos espantalhos nos milharais», na p. 121 descreve-se «um homem de palha, vestido de farrapos, pelo chapéu deixando passar o céu estrelado»; na p. 51 descreve-se como os bichos acodem à fonte, vigiada pelo lobo «num formigueiro sem fim», na p. 127 como «houve formigueiro de animais» à porta da Salta-Pocinhas para ela lhes receitar um remédio contra as pulgas; a Salta-Pocinhas repete quatro vezes o estratagema do disfarce; etc.

— Utiliza-se às vezes a anáfora: «notou quanto era grosso e pegajento; e, notando quanto era grosso e pegajento» (53); «Pudera... Pudera... Pudera» (57); «todos afocinhavam, mergulhavam, nadavam... a largata das couves afocinhou, nadou, mergulhou» (58/61); «o bicho-homem veio e emparedou a raposa com os filhos. Emparedou-os» (101); «escorria um arzinho... E com esse arzinho» (101); etc.

— Quando os bichos pedem ou cantam as suas palavras são às vezes repetidas como uma espécie de estribilho («Larga a pata» (Salta-Pocinhas, 31); «viram bois» (bufo, 70, 105); «Laparoto desgarrado/Levo-o para casa da mãe!» (Salta-Pocinhas, 93); «Que fizeste tu?» (mocho, 102); «Sou livre» (grilinho, 102); «Vem cá para fora» (ralos e rãs, 102); «Dá-me um» (bufo, 108); «Quem te vê e quem te viu» (estorninhos, 147); «Descalça e rota» (gaios, 147); «Fugiu-te o riso» (pisco e cotovia, 147); etc.).

— São frequentes os quiasmos:

deitar a unha... abrigo... casa dos pais... nunca faltava galinha 13
Comer e dormir, dormir e comer 14
o gato bravo malfeitor (a) e a fuinha (B) com gravatinha (B) de neve e rabo em espanejador (A) 44
etc.

— Os ritmos binários e ternários atravessam todo o texto, cf. 10.3. e ainda:

Corria os bosques, farejando, batendo mato 13
e viu e ouviu 34
que é por igual grotesco e barbaresco, pirata e patarata, caprichoso e maldoso 47

135

>   espiava e policiava, farejava e palpitava 87
>   estirou-se, rolou-se, espojou-se 32
>   tanto se espenujou, tanto se esfregou, tanto cabriolou 36
>   miarem, regougarem, desabafarem 47
>   até esmagar umas, amachucar outras, rebentá-las a todas 52
>   secaram os prados, pelaram os montes, emudeceram as fontes 57
>   jazia por terra, branco, mortuário e funerário 64
>   choravam, regougavam, berravam 89
>   e depois de muito protestar, ladrar, barafustar 90
>   parou a espreitar, a escutar, a malucar 103
>   puxou, fossou, esgravatou 103
>   o gigante chegou, parou, resmungou 104
>   vagarosamente lambiam o beiço, o colo, as mãos 123
>   os bichos ganiam, gemiam, latiam 126
>   comeu um autêntico queijo do ovelha, os chouriços, a carne 140
>   apanhar, depenar e imolar 148
>   etc.

Às vezes combinam-se os dois ritmos:

>   viu-lhe a Salta-Pocinhas abrir as pálpebras, sacudir as orelhas (binários), soprar, fungar, coriscar lume das pupilas verdes (ternário) 29/30

Como se pode depreender dos exemplos, os ritmos binário e ternário combinam-se muitas vezes com a assonância e a rima.

— Os textóides TX1, TX10, TX12, TX14, TX15, TX18c, TX20, TX21, TX23, TX24, TX27, TX29, TX31, TX32, TX33, TX34, TX34c são em maior ou menor grau sinonímicos (procura de sustento); o mesmo vale para TX5, TX5c, TX25c, TX26, TX26c (procura de saúde); TX3, TX4, TX6, TX7, TX9, TX11, TX13, TX28 tematizam vinganças.

11.2. A consistência

Falo em consistência quando um elemento exige anafórica ou cataforicamente outro. Para estabelecer fenómenos de consistência utilizam-se as seguintes técnicas:

— Uso de pró-formas anafóricas e catafóricas;
— uso preferencial de hipotaxe (em contraposição à parataxe);

— progressão temático-remática linear (o rema de uma frase passa a ser o tema da frase seguinte);
— combinação de noemas que remetem para fenómenos que segundo a nossa experiência aparecem normalmente juntos (contra a transgressão desta 'regra' dirige-se Horácio na sua *Ars poetica* 1-23);
— a atribuição de acções/estados a uma personagem 'compatíveis' com as suas qualidades;
— a ordenação lógica/cronológica das proposições;
— o uso de antecipações, presságios, retrospecções e da némesis histórica (segundo a qual a todo o delito de um tirano contra a liberdade e a justiça deve suceder uma punição);
— o desenvolvimento de bipolaridades noémicas;
— uso preferencial de sintemas 'lógicos' (causais e condicionais);
— uso preferencial de textóides fechados (transformativos, compensatórios e argumentativos, tratando de os 'fechar' quer dizer não os deixar inacabados);
— 'fecho' das descrições e das histórias;
— uso de ciclos para a temporalidade das sucessões de estados e acções (mocidade — velhice, nascimento — vida — morte, primavera — verão — outono — inverno, dia — noite);
— uso de fugas textóides e de crescendos.

A evitação destas técnicas ou uso de técnicas contrárias (uso preferencial da parataxe; variação remática com tema constante; incompatibilidades semânticas e sinestesias; ordenação não lógica ou não cronológica das proposições; atonias noémicas; uso preferencial de sintemas 'não lógicos' e de textóides abertos (descritivos e sucessivos); descrições e histórias não acabadas; 'desordem temporal') produzem num comunicado efeitos de inconsistência.

O *Romance da Raposa* apresenta também um alto grau de consistência. Além dos normais fenómenos de pronominalização anafórica e catafórica e do predomínio da hipotaxe, verificamos que:
— às personagens são atribuídos estados e acções (cf. 4.4.) que podemos considerar perfeitamente compatíveis com as suas qualidades (cf. 5.2. (c); a propósito das faculdades atribuíveis aos bichos

137

cf. também La Fontaine, IX/Discours à Madame de La Sablière e XI,9;
— as aventuras da Salta-Pocinhas são ensartadas de maneira cronológica e lógica (cf. 4.4. e 9.2.);
— aparecem várias antecipações, presságios e retrospecções. A frase de despedida do raposão para a Salta-Pocinhas: «— Nos dias de abundância, lembra-te dos velhos pais» (18) anuncia os bons êxitos da procura de sustento da raposa (cf. 4.4.). As «nuvens a galope» (27) e «o cavalinho do inverno» (61) anunciam TX15 (p. 67 ss.) e $\overline{TX}17$ (p. 79 ss.). A lua «carrancuda» (27) e as «nuvens de trovoada» (33) anunciam a brutalidade do lobo (p. 34 ss.). A presença do bufo com o seu pio choroso (70 e 105) é presságio de desgraça para os lobos (79 ss) e para o gato bravo (112). A vermelhidão do céu pressagia o combate sangrento entre lobos e cavalos (81-82). A caça 'menor' do terceiro capítulo da segunda parte (TX24) constitui uma variação anafórica da caça 'maior' do segundo capítulo (TX23). A artimanha de se fingir morto (com êxito) de TX23 remete para a mesma ficção (sem êxito) de $\overline{TX}13$. Há textóides que anunciam estruturalmente outros (TX18 — TX22c); etc.;
— a némesis histórica abate-se sobre o lobo: tendo assassinado o teixugo, seu leal servidor, perde a sua realeza ($\overline{TX}13$; cf. também 9.2.);
— estão bem desenvolvidas as bipolaridades noémicas 'fome/sede' vs 'fartura', 'ofendido' vs 'vingado' 'sagacidade' vs 'estupidez' (cf. 5.2.);
— predomina o uso de textoides transformativos e compensatórios, em geral, fechados (cf. 4.4.);
— usam-se fugas textóidicas (cf. 4.4.) e crescendos (cf. TX21 e TX23);
— os capítulos estão em geral fechados (cf. conclusões de 4.4.);
— a obra está triplamente fechada: começa com a juventude da Salta-Pocinhas e acaba com a sua velhice; começa com a proposição S1 do arquitextóide fundamental (cf. 4.4.) e acaba com a sua S2; começa com o campo semântico da fome («fome», 13) e acaba com o campo semântico da fartura («farta», 166).

Estas consistências são contrabalançadas por algumas inconsistências:

— existe um certo predomínio da variação remática com tema constante (cf. a tematização da Salta-Pocinhas no primeiro capítulo da primeira parte);
— atribui-se o poder da fala aos bichos, incompatibilidade semântica porém necessária porém necessária para a perspectiva fantástica (cf. 9.4.);
— desenvolvem-se monotonicamente os núcleos 'procura de sustento' (cf. 5.2. (f)) 'dança' (este porém ligado associativamente ao núcleo 'sagacidade', cf. 5.2. (g)) e 'música' (ligado todavia associativamente à alegria ou à tristeza relacionada com as S2 e S1 da Salta-Pocinhas, cf. 5.2. (h));
— a frase final do livro deixa-o aberto no sentido de que as aventuras da Salta-Pocinhas parecem ser contadas continuamente de novo: «E a Salta-Pocinhas viveu ainda anos, farta, mimosa como rainha-mãe, muito querida dos cachorrinhos, a quem contava lindas histórias que começavam deste jeito: Uma vez, tínhamos ido assaltar o poleiro do juiz de paz...» (166).

11.3. A centripetação

Falo em *centripetação* quando ou ou mais elementos estão em função de/subordinados a outro que funciona como centro/núcleo coordenador. Chamo ao fenómeno contrário *centrifugação*. Os centros coordenadores detectam-se em geral desamplificando o texto (cf. 3.3.), observando os fenómenos de regência e dependência (cf. 2.4. e 2.5.) e de marcação (cf. 6.1.). Podem opor-se os seguintes meios de centripetação e centrifugação:

centripetação	**centrifugação**
concordância/regência (na solidão das selvas)	hendíadis (na solidão e nas selvas)
irradiação noémica monotónica	bipolaridades noémicas
unidade de acção, lugar, tempo	diversidade de acção, lugar, tempo
descrição mais pormenorizada de uma personagem	descrição equilibrada de todas as personagens

maior extensão de um textóide	extensão equilibrada de todos os textóides
grande uso de textóides secundários	grande uso de textóides primários
uso prefrencial de textóides	uso preferencial de sucessões atextóidicas
marcação dos centros coordenadores	marcação de elementos que não são centros coordenadores
presença de acmé	falta de acmé
uso de poucas personagens	proliferação de personagens
falta de digressões	grande uso de digressões

No *Romance da Raposa* centripetação e centrifugação aparecem bastante equilibradas:

— embora predominem as bipolaridades noémicas, aparecem também algumas irradiações monotónicas (cf. 5.2.);
— as acções podem concentrar-se todas em volta dos núcleos 'procura de sustento/abrigo', 'procura de vingança', 'procura de saúde' e 'procura de transporte'; por outro lado os lugares e os tempos variam continuamente (cf. 5.2.);
— há uma descrição claramente muito mais pormenorizada de uma personagem, a Salta-Pocinhas, embora também o lobo, o teixugo e o urso estejam bastante bem caracterizados (cf. (cf. 5.2. (c));
— os textóides tendem a equilibrar-se na sua extensão, embora predomine o arquitextóide que informa a procura de sustento (cf. 4.4.);
— predominam os textóides secundários, embora haja vários textóides primários (cf. 4.4.);
— predomina o uso de textóides, embora não faltem as sucessões atextóidicas (cf. 4.4.);
— os centros coordenadores (sujeito e predicado das proposições temáticas, cf. 9.1.) estão claramente marcados (cf. 6.2.);
— existem duas acmés (da dificuldade, cf. TX22/TX22c/TX23, e da troça, cf. TX27-30);
— há uma proliferação de personagens, embora poucas sejam protagonistas de um textóide (cf. 4.4. e 5.2. (c)).

11.4. Estruturação dos comunicados e estética

É tendência geral do homem inteligente a de procurar centros coordenadores no que apreende da realidade e de dividir, agrupar e organizar os elementos desta. Como faz observar o esteta alemão Johannes Volkeltl isto vale ainda em maior medida para a apreensão de objectos se arte:

«Na contemplação estética a função relacionante desenvolve-se com eficácia notavelmente potenciada. O ideal de contemplação estética reside em que essa função atravesse em máximo grau o objecto apresentado, que estabeleça nele na maior medida possível associações e articulações... Na contemplação estética são apreendidas atentamente tanta unidade e articulação, tanta coesão e variedade, tanta coordenação e subordinação quanta nos é oferecida pelas formas sensíveis dos objectos. A função relacionante acompanhada da constante atenção impregna a contemplação sensitiva no grau em que esta última é facilitada pelo objecto a contemplar. Isto vale para o templo grego como para um quadro de Liebermann, para um drama ou uma sonata como para as figuras da realidade consideradas esteticamente. A intensificação da estruturação na atitude estética torna compreensível o facto de haver contempladores artísticos que podemos dizer gozam misticamente nas articulações associativas que se interpenetram. Como em tantos outros pontos, também com respeito à função relacionante a arte ocupa uma outra posição que a estética natural. O artista organiza as suas criações de tal maneira que no espectador a função relacionante se realize no mais alto grau. Ele dá à sua obra de arte uma disposição tal em traços e partes de modo a aparecer, com respeito à função relacionante, o mais elaborada possível. Devido ao trabalho artístico, o contemplador é colocado na favorável situação de exercer a função relacionante o mais cómoda e claramente possível e com o êxito de o objecto artístico lhe aparecer como um todo em si altamente coerente. A função relacionante tem dois aspectos: a separação e combinação, articulação e coesão. Consequentemente, a citada exigência feita ao artista também se pode exprimir assim: a obra de arte tem que estimular o mais possível tanto a apreensão articulatória como a coesiva; nela têm que estar desenvolvidas na medida do possível tanto a divisão, articulação, variação como a combinação e coordenação» (*System der Aesthetik,* München ¹1905, vol. I, p. 326-328).

Estes fenómenos de relacionamento, que já apareceram falando da orquestração do tema (cf. 9.2.) e que foram focados nos parágrafos precedentes (11.1, 11.2., 11.3.) em forma de coerência, consistência e centripetação, não só constituem os elementos básicos para a compreensão da realidade natural e artificial percebida:

«Para que uma poesia que ouvimos ou lemos nos apareça continuamente como um todo cujas partes progressivamente se associam e que progressivamente se aperfeiçoa, com cada palavra e frase nova devem então ressoar mentalmente as palavras e frases imediatamente precedentes. E não só isso, mas também todas as partes da poesia que ficam mais para trás não podem cair simplesmente no esquecimento. Antes a poesia é tanto melhor compreendida na sua articulação, disposição e totalidade quanto mais completa e exactamente são recordáveis todas as partes precendentes» (id. ib., p. 333).

Também constituem uma das principais fontes de prazer:

«Temos primeiramente de pensar que amiúde uma obra de arte nos parece ainda pouco clara nas suas relações e agrupamentos e que nos esforçamos em introduzir nela articulação, unidades menores e maiores. Depois exercemo-nos na função relacionante; aplicamos à obra de arte várias actividades de distinção, comparação, ponderação, concentração. Estas podem levar ao êxito: a obra de arte aparece-nos então como transparente e satisfatoriamente em si coesa. Ou não chegamos a um resultado satisfatório: o que se exprime no reconhecimento de que não conseguimos apreender a obra artística, que o nosso poder de compreensão é insuficiente, ou na censura de que a obra seja falta de uma articulação clara e de unidade. Em todo o caso, este género de exercício consciente da função relacionante ao lado da contemplação sensitiva só tem o sentido de uma preparação para a plena atitude estética. São tentativas, esforços para, na contemplação estética, conseguir o seu objectivo. Isto acontece em todas as artes... O exercício independente da função relacionante estética aparece porém ainda noutra forma. Pode acontecer que o objecto estético nos apareça claro na sua articulação e unidade e que, apesar disso, sintamos a necessidade de consciencilizar claramente articulação e unidade de per si. Além do facto de contemplar, salientamos então de per si as relações internas no objecto contemplado. Paramos em certo ponto na contemplação de uma obra de arte e recordamos mentalmente os agrupamentos, cortes, complicações que apreendemos até ali; mas esta retrospecção também pode ser feita ao completar a contemplação da obra. Trata-se em todo o caso ou do desejo de um juízo claro e uma atitude crítica perante a obra ou do desejo de, através desta salientação, afinar e aumentar o prazer originado pelo descobrimento da articulação e unidade... O prazer da coesão e acabamento da composição, da articulação consequente e clara, do agrupamento equilibrado das massas etc. pertence aos aspectos do prazer estético que em geral são mais facilmente e claramente consciencializados. Na arquitectura e na música e nas artes manuais este tipo de prazer ocupa para muitos contempladores e sobretudo para os entendidos o primeiro lugar no gozo artístico» (id. ib., p. 329-330 e 354).

Os fenómenos de coesão são graduais. Há comunicados que tendem para a incoerência, a inconsistência, a centrifugação; apesar disso podem produzir-nos prazer. A este propósito dizia Condillac no seu *Essai sur l'origine des connoissances humaines* (seconde partie, section seconde, chapitre VI):

«L'ordre nous plaît; la raison me paraît bien simple: c'est qu'il rapproche les choses, qu'il les lie, et que, par ce moyen, facilitant l'exercice des opérations de l'âme, il nous met en état de remarquer sans peine les rapports qu'il nous est important d'apercevoir dans les objects qui nous touchent. Notre plaisir doit augmenter à proportion que nous concevons plus facilement les choses qu'il est de notre intérêt de connaître. Le défaut d'ordre plaît aussi quelquefois, mais cela dépend de certaines situations de où l'âme se trouve. Dans ces momens de rêverie où l'esprit, trop paresseux pour s'occuper long--tems des pensées, aime à les voir flotter au hasard, on se plaira, par exemple, beaucoup plus dans une campange que dans les plus beaux jardins; c'est que le désordre qui y règne paraît s'accorder mieux avec celui de nos idées, et qu'il entretient notre rêverie, en nous empêchant de nous arrêter sur une même pensée. Cet état de l'âme est même assez voluptueux, surtout lorsqu'on en jouit après un long travai. Il y a aussi des situations d'esprit favorables à la lecture des ouvrages qui n'ont point d'ordre. Quelquefois, par exemple, je lis Montaigne avec beaucoup de plaisir; d'autres j'avoue que je ne puis le supporter...

Quoi qu'il en soit, l'ordre a l'avantage de plaire plus constamment; le défaut d'ordre ne plaît que par intervalles, et il n'a a point de règles pour en assurer le succès.»

Sendo portanto a coesão de uma obra a principal via para a sua percepção estética, terá que apresentar certo grau de ficcionalidade, porque a representação exacta dos fenómenos da natureza e a narração fiel dos acontecimentos — natureza e acontecimentos que só por casualidade ou numa perspectiva teológica se mostram coesos — impede a sua reordenação segundo os critérios básicos da coesão. Por outro lado, um comunicado que não contenha nenhum elemento que permita ao leitor ligá-lo de qualquer maneira à realidade que ele conhece parece desmotivá-lo na sua leitura. Por isso dizia que, se a condição suficiente para ser uma obra de arte é a obra ter certa coesão, condição necessária parece ser a obra ter na sua textura e no seu conteúdo um certo grau de verosimilhança com a realidade (cf. 9.4.).

Apresentando o *Romance da Raposa* um alto grau de coesão (cf. 9.2., 11.1., 11.2., 11.3) pode portanto ser para o leitor preparado uma grande fonte de prazer estético. Nos parágrafos precedentes tratei de indicar ao leitor uma via para compreender melhor a obra e para chegar a essa fonte.

12. VALOR DIDÁCTICO DO ROMANCE DA RAPOSA

Uma obra, além das suas funções autocognitivas, transcognitivas, terapêuticas, persuasivas e diversivas (cf. 9.3.), pode servir para estimular o poder de compreensão da realidade, o poder de conceituação, o poder de expressão e a sensibilidade artística do leitor. Esta incentivação constitui uma das finalidades do nosso romance, como aponta o autor nas *Marginália:*

«— Sim, tenho a preocupação da idade, e com isso a das ideias, que expendo, e em grau imediatamente inferior a preocupação do vocabulário. Se escrevêssemos apenas com as palavras que a criança emprega e de que sabe o significado, medíocre seria o nosso modo de expressão. A leitura duma página é um aprendizado. A criança vai-se recreando e aprendendo. Uma palavra que ignora, desde que pertença, bem entendido, ao nosso glossário quotidiano, é um obstáculo que vence penetrando-lhe o sentido por intuição natural. A evolução mental da criança corresponde à evolução mental do homem através das idades, a partir do limbo terciário... Os contos de fadas, a meu ver, representam um perigo, neste nosso mundo de hoje, tão realista. Prefiro predispor as crianças para a vida da luta que para o sonho e a idealidade abstracta, sem ramo em que a ave azul ponha o o pé» (p. 170-171).

No *Romance da Raposa* o poder de compreensão da realidade, de conceituação e de verbalização é estimulado com os seguintes meios:

    — Uso de estruturas oracionais simples (do género: sujeito +
       + predicado + (complemento)) inseridas em ou em conco-

mitância com estruturas oracionais complexas, como nos seguintes exemplos:
«O sol nasceu, derramou sobre os montes a sua chama, mais branda e doirada que azeite fino» (82).
«Tilintava a chuva nas folhas das árvores, uma chuva miudinha, branquinha, dando ideia de farinha peneirada pela Lua, que ora aparecia deslavada por cima dos altos pinheiros, ora desaparecia carrancuda detrás das nuvens a galope» (27).
As estruturas simples servem de base para a apreensão de estruturas mais complexas.

— Ampliação vocabular e matização noémica por sinonímia:
«Sim, ralé, como quem diz: génio e paciência» (17)
«arrogante e farfante» (55-56)
«correu a uma horta... como não faltasse... hortaliça na regada» (60-61)

— Ampliação vocabular e matização noémica por cisão hiponímica (cf. 3.1.):
«esses insectos e pequenos répteis... Lagartos, lagartixas, cobrinhas pretas, grilos, ralos, abelhões» (20)
Veja-se também a descrição do combate entre lobos e cavalos (p. 81-82).

— Ampliação vocabular por negação do antónimo:
«de ar nada cordial, policial» (44)

— Ampliação vocabular por explicação catafórica:
«A Salta-Pocinhas foi lambisqueira? Foi, que bifou a fressura ao lobo» (47)

— Ampliação vocabular por explicação anafórica:
«Brutamontes subiu a um cabeço a chamar os companheiros... E, galopando sempre, (sc. o cavalinho) não tardou que ouvisse crescente sussurro atrás de si e compreendesse que eram as alcateias daquela floresta, açuladas para o comer» (80)

— Ampliação vocabular por explicação definitória:
«Deitando bando... Que é isso? — É a sentença que o lobo deu contra ti, lida nos lugares públicos, em alta voz» (43-44)

— Adjectivação explícita da maioria dos bichos citados, bichos em boa parte conhecidos das crianças (cf. 5.5. (c) e 11.1.).

— Descrição de situações básicas desagradáveis e agradáveis em que se pode encontrar o homem e como pode chegar das primeiras às segundas. Vejam-se a este propósito os textóides transformativos, compensatórios e sucessivos com os seguintes predicados:

esfomeado/com sede	—procura de sustento	—farto (ATX fundamental)
sem tecto	—procura de abrigo	—com toca (TX2)
desprezado	—mostrar valor	—apreciado (cf. em particular TX31 — TX34c)
preso	—ardil	—livre (TX22, TX22c)

pense-se também nas bipolaridades:

ignorante	vs	sabedor	(cf. 5.2. (c))
triste	vs	alegre	(cf. 5.2.(a) e (b))

Como o arquitextóide que informa a procura de sustento e a oposição 'ignorante' vs 'sabedor' estão muito desenvolvidas, são facilmente reconhecíveis, e com elas assim também as outras estruturas textóidicas e bipolares.
— Uso de estruturas argumentativas (cf. TX29 e 9.3.).
— Descrição frequente de ardis (cf. 9.2. e em particular como a Salta-Pocinhas consegue vencer a desconfiança do bufo (106-110), do gato bravo (111-112), da lebre (113-115) e do lobo (142-143).
— Uso frequente de diálogos bem estruturados (cf. 10.2.), que tanto precisamos na conversão diária.
— Introdução de combinações conceituais novas, estimulando assim o poder criativo do leitor:
«Já o cavalinho do inverno se ouvia por detrás das montanhas a relinchar« (61)
«a maior velhaca que a rosa do sol cobre» (65)
«faiscava ainda a estrela da manhã, como dália de oiro num açafate de prata»» (77)
«O sol nasceu, derramou sobre os montes a sua chama, mais branda e doirada que azeite fino» (82)
«O sol tombava por trás dos cabeços, e era como rosa amarela a emurchecer depois duma batalha de flores» (97)
— Uso de conotações opositivas («A Salta-Pocinhas estoirou» (61) vs «falecera Brutamontes» (63) que reflecte a oposição

'classe baixa' vs 'classe alta') e sufixais (cf. 7.2. (c)), despertando assim a atenção para a verbalização de valorações.
— Esclarecimento de situações através da imagem (cf. 8.2.).
A sensibilidade estética/artística do leitor é activada por:
— a grande 'musicalidade' do texto (cf. o uso intenso de aliterações, assonâncias, rimas, estribilhos, etc., 11.1.);
— o uso de muitas simetrias (cf. os quiasmos 11.1., certos textóides transformativos 4.4. e as bipolaridades noémicas 5.2.);
— a perspectiva fantástica dum mundo de animais falantes (cf. 9.4. e 11.4.);
— o uso em alto grau de meios de coesão (cf. 11.);
— a descrição pitoresca e inédita de paisagens (cf. 7.2. (b) e p. 13, 18, 27, 91, 101) e dos bons tempos:

«E, com essa lembrança, recordava as doces horas levadas juntos, as suas núpcias, os seus folguedos na relva orvalhada do rocio da alva, pelas manhãs de sol. Recordava-se então das batidas que davam, em noites de luar, aos matagais, ele pelo mato fora a ladrar, para espantar a caça, ela de emboscada à beirinha das veredas, focinho em riste, em acção de partir a suã aos troteiros e desprevenidos laparotos.

Na Primavera remexiam moitas e silvados à cata de ninhos. E era para eles sumo gozo a gemada de dez a quinze ovos de perdiz e petisco delicado os cotovios implumes que, iludidos pelo rocegar dos ramos, abriam enormes bocas vermelhas com seu debrunzinho amarelo.

Em expedição, entravam subtilmente nos poviléus e, choupana onde o aldeão dormisse, cão não velasse e as portas andassem escavacadas, era um ar enquanto se punham no poleiro e, zape! as galinhas nem tinham tempo de cacarejar. De cabeça alta, garbosamente, conduziam as vítimas para a paz das brenhas, voltavam a buscar tantas quantas pudessem, satisfazendo depois a gula na carne fresca, com o sangue ainda a correr nas veias.

A arrotar de fartos estiraravam-se sobre as quatro patas; vagarosamente lambiam o beiço, o colo, as mãos. No focinho, aquele focinho afilado, talhado em malícia pura e sonsice, descaía insensivelmente sobre as luvas, que a saliva anediara. E ali, no afago da sombra, sobre a relva seca ou caruma dos pinhais, dormiam a sesta bem merecida.» (121-123)

— o uso de associações noémicas inusitadas (cf. acima neste parágrafo).

O professor de português que explicar aos seus alunos a articulação macroestrutural e microestrutural desta obra segundo as directivas indicadas neste livro, encontra no *Romance da Raposa* uma mina para:

— oferecer moldes para estruturar o pensamento dos seus alunos;
— enriquecer o seu poder vocabular;
— ensinar esquemas para descrever situações e narrar acções;
— consciencializar as bases da estética literária e assim desenvolver a sensibilidade artística dos alunos.

Além disso, a quem soubesse compor música, não deveria ser difícil a tentativa de transformar o nosso texto num poema sinfónico seguindo a pauta da ordem textual depois da 'tradução' dos textóides e das tonias noémicas por exemplo com as seguintes correspondências:

Salta-Pocinhas	orquestra de cordas
lobo	contrabaixo
teixugo	movimento lento das cordas
urso	tímbàles
pássaros silvestres	flautas
galos, galinhas	clarinetes
patos	oboé
procura de sustento	motivo do sustento, adágio para allegro
procura de vingança	fuga
procura de liberdade	andante, mosso, staccato
textóides compensatórios	diálogo entre instrumentos
paisagens	largos pastorais
danças	ritmos das danças indicados no texto (cf. 5.2.
etc.	(g))

Como fontes de inspiração intertextual ouçam-se entre outras as composições de Prokofiev *Pedro e o lobo,* de Respighi *Os pássaros,* de Saint-Saens *O carnaval dos animais,* de Vivaldi *As quatro estações.*

13. SÍNTESE

Com o presente livro foi minha intenção propor aos professores de português uma introdução, simultaneamente teórica e prática, à jovem ciência do texto, herdeira da tradicional explicação e interpretação estilística dos textos. Esta nova ciência move-se entre a linguística teórica, a semiótica geral e a abordagem mais 'literária' dos textos artísticos. Por isso exige o desenvolvimento de uma técnica e de uma terminologia não só avançada, mas também minuciosa e exacta. Foi o que neste livro se intentou realizar. O leitor encontrará assim uma parte teórica detalhada e formalizada com a respectiva aplicação prática ao *Romance da Raposa* de Aquilino Ribeiro, que, se bem pareça de amena leitura, oferece uma estruturação complicada o bastante para permitir ilustrar uma teoria do texto em todos os seus aspectos. Não quer isto dizer que se desprezem as conquistas da poética e da estilística tradicionais; mas ao contrário, integram-se nesta nova visão do fenómeno literário, ficando melhor esclarecidas.

Foco também de maneira intencional o problema do prazer estético, tratando de oferecer uma tecnologia capaz de captar as suas fontes e com isso também de desmistificar certas ideologias que o dão de galardão só a pessoas particularmente sensíveis. O prazer estético e a capacidade de o encontrar é acessível a todos desde que minimamente educados para isso. Assim, achei útil rematar o livro com um pequeno capítulo dedicado à riqueza didáctica da obra. Aí indiquei tanto o aproveitamento que pode fazer o professor do *Romance da Raposa* como os conhecimentos que pode adquirir o leitor.

ÍNDICE GERAL

Prefácio 9

1. **A Ciência do Texto** 13
   1.1. Linguística vs ciência do texto 13
   1.2. Leitura e análise de textos 14
2. **Conceitos Básicos** 17
   2.1. Conceito geral de comunicado 17
   2.2. Os noemas 17
   2.3. A proposição 19
   2.4. Da proposição à oração 22
   2.5. As combinações de proposições e a sua lexemização 24
   2.6. Conceito específico de comunicado 27
3. **Amplificação e desamplificação textual** 29
   3.1. Amplificação proposicional 29
   3.2. A textura 33
   3.3. A desamplificação proposicional 34
4. **Os Textóides** 39
   4.1. Textura atextóidica vs textura textóidica 39
   4.2. Os textóides e a definição funcional das personagens 39
   4.3. Lógica textual vs lógica accional 45
   4.4. A estrutura textóidica do *Romance da Raposa* 46
5. **As Tonias Noémicas** 71
   5.1. Atonias e tonias noémicas e a descrição das personagens .. 71
   5.2. As tonias noémicas e a descrição das personagens no *Romance da Raposa* 74
6. **A Marcação** 93
   6.1. As estratégias de marcação 93
   6.2. As principais marcações no *Romance da Raposa* 95
7. **A Conotação** 97
   7.1. O conceito de conotação 97
   7.2. A conotação no *Romance da Raposa* 97
8. **A Intertextualidade** 101
   8.1. O fenómeno da intertextualidade 101
   8.2. Fenómenos de intertextualidade no *Romance da Raposa* ... 103

9.	A Semiose	109
9.1.	O tema	109
9.2.	A orquestração do tema	112
9.3.	A mensagem	115
9.4.	A aplicabilidade denotativa ou interpretação	117
10.	**A Produção do Texto**	119
10.1.	Da textura para o texto	119
10.2.	A dialogação	120
10.3.	A adjectivação	123
11.	**A Coesão**	131
11.1.	A coerência	131
11.2.	A consistência	136
11.3.	A centripetação	139
11.4.	Estruturação dos comunicados e estética	141
12.	**Valor Didáctico do Romance da Raposa**	145
13.	**Síntese**	151

Executado em Offset
na Gráfica de Coimbra
Abril de 1981 — 3.000 ex.

ERRATA

Pág.	Linha	Onde se lê	Leia-se
18	23	dos	aos
21	16	reformativo	performativo
21	31	$m = \text{'}l\text{'}$	$m = \text{'}1\text{'}$
21	34	proposição	preposição
23	32	livr	livro
24	27	pseudocontraste (x)	pseudocontraste $\overline{(x)}$
25	28	fora... (x)	fora... $\overline{(x)}$
25	30	$(+)$	$(\vec{+})$
25	35	$(\vec{+})$	$(\forall \vec{+})$
30	6	*figura*	*finura*
39	14		
40	3/4	certo lugar e momento	certo objecto em certo lugar e momento
46	10	*textóide informrtivo*	*textóide transformativo*
47	40	A1	$\overline{\text{A1}}$
48	41	TEX6	TX6
53	2	o	do
54	3/4	fazem do vizo-rei	fazem assim ressaltar uma vez mais a astúcia da Salta-Pocinhas e a burrice do vizo-rei.
55	8	ATX	ATX2
72	4	Outra *gaivota?*	Outra *gaivota?*... Outra *vela?*
73	5	S1 e S1	S1 e S2
98	5	detidas paisagísticas	detidas pinceladas paisagistas
104	5	guinho	guinhol
116	28	contras as	contra e as

Nota — Ao longo de todo o texto, onde se ler   leia-se

TX8	$\overline{\text{TX8}}$
TX13	$\overline{\text{TX13}}$
TX16	$\overline{\text{TX16}}$
TX17	$\overline{\text{TX17}}$
TX19	$\overline{\text{TX19}}$
TX32	$\overline{\text{TX32}}$